◆購読者特典◆
インターネット無料講義のご案内

①当社ホームページ「インターネット講義」にアクセスしてください。
②本書の表紙画像をクリックし、ログイン画面で下記のユーザー名とパスワードを入力（半角英数）してください。

ユーザー名：tte324　パスワード：10664

※令和6年版は6月上旬に開始予定です。

インターネット講義の動画再生は YouTube のサービスを使用しています。

■推奨環境
YouTube 動画を見るには、以下の環境が必要です。
Google　Chrome、Firefox、Microsoft Edge、または Opera　500 Kbps 以上のインターネット接続
※映像を閲覧できない場合は、「YouTube のシステム要件」をご確認ください。

はじめに

「宅地建物取引業法および同法の関係法令」の出題数は50問中20問で，全体の出題数に対する割合は40%と，宅建試験の最重要科目である。ここで正解を稼げないと合格することは難しい。

出題箇所は，業務関係が一番多く，①重要事項の説明，②37条書面，③媒介契約，④クーリング・オフ，⑤報酬，⑥損害賠償額の予定等の制限，⑦手付の額の制限，⑧瑕疵担保責任，⑨手付金等保全措置等が重要である。

ただし，試験の目的からしても，免許の基準，変更等の届出から２～３問，宅地建物取引士の登録・職務および宅地建物取引士証から２～３問出題され，営業保証金，宅地建物取引業保証協会，監督処分関係も確実に１問は出題されるので，全般的に漏れなく学習しておく必要がある。宅地建物取引業法は試験の合否を決める最重要分野であるから，法律から施行規則まで，十分な対策を講じておかなければならない。

また，宅地建物取引業法の関係法令として，住宅瑕疵担保履行法から１問出題されているが，出題範囲は限られているので，確実に正解できるよう対策を立てておく必要がある。

なお，ここ数年，試験に出題される可能性の高い法改正等が相次いでいるので，注意が必要である。最近の宅地建物取引業法関係の改正内容は次のとおり。

① 重要事項の説明時に，水防法の規定により市町村の長が提供する図面（水害ハザードマップ）を提示し，ハザードマップにおける取引対象物件の所在地について説明することが義務付けられた（令和２年８月28日施行。令和３年，令和４年出題）。

② 「デジタル社会の形成を図るための関係法律の整備に関する法律」（法律第37号）が令和３年５月19日に公布され，重要事項説明書および37条書面への宅地建物取引士の押印を廃止して

記名のみでよいこととするとともに，重要事項説明書，媒介契約書および37条書面について，書面を交付しなければならないとしていたところ，相手方の承諾を得たうえで，電磁的方法により提供することを可能とする見直しが行われた（令和４年５月18日施行。令和５年出題）。

③　「地域の自主性及び自立性を高めるための改革の推進を図るための関係法律の整備に関する法律」（法律第44号）が令和３年５月26日に公布され，宅建業の免許申請，変更・廃業・案内所の届出等にかかる都道府県経由事務が廃止されることとなった（法78条の３関係，令和６年５月25日施行）。

　なお，③の改正は，令和５年度試験の出題範囲には含まれないが，本書では改正後の内容に基づいて解説している。

④　「宅地建物取引業法の解釈・運用の考え方」が改正され，免許申請書，宅地建物取引士証，従業者証明書，従業者名簿の記載事項のうち，氏名の旧姓併記または旧姓使用を希望する者については，旧姓を併記または旧姓を使用してよいこととされた（令和４年５月18日，７月８日改正）。

　本書は令和６年２月１日現在の法令に基づいて解説されています。公布された改正法令は，改正規定の施行期日のいかんにかかわりなく，すべて本文中に織り込むことを原則としました。解説中，「法」は法律，「令」は政令（施行令），「則」は省令（施行規則）の略称です。なお，特に断りのない限り法律名の付されていない条文は，各分野の法律の条文です。

　本文解説中，重要な部分や，試験によく出るキーワードは，太字（ゴシック体）や色で示してありますので，確実に覚えておくようにしましょう。また，本文右側余白の構成は，次のようになっています。

POINT　本文解説のポイントや補足説明をまとめてあります。

□Challenge　本文解説に関連のある過去の本試験問題の選択肢を，例題として収録してあります。例題の正誤はそのページの右下にありますので，確認してください。

R2・R4　過去５年間の出題年度をあらわしています（令和２年度・３年度は10月試験と12月試験の２回分）。

もくじ

宅地建物取引業法および同法の関係法令

1　総則・免許

2　宅地建物取引士

5　宅地建物取引業保証協会

6　監督等

宅地建物取引業法の業務に対する規制・監督・罰則一覧

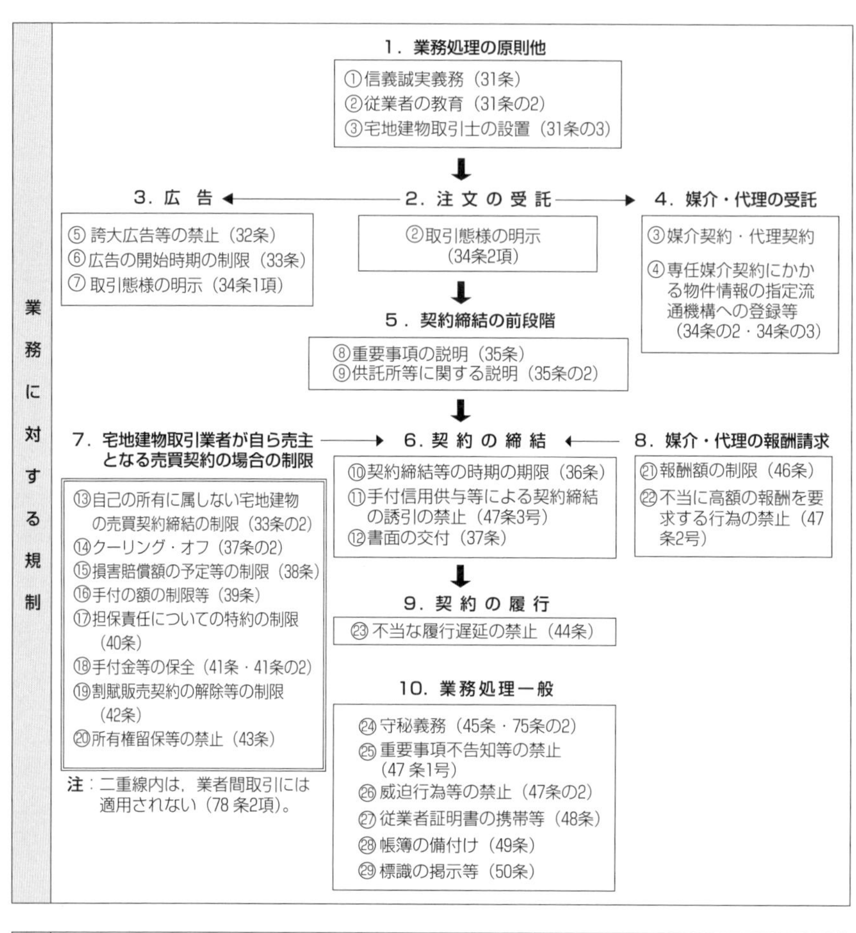

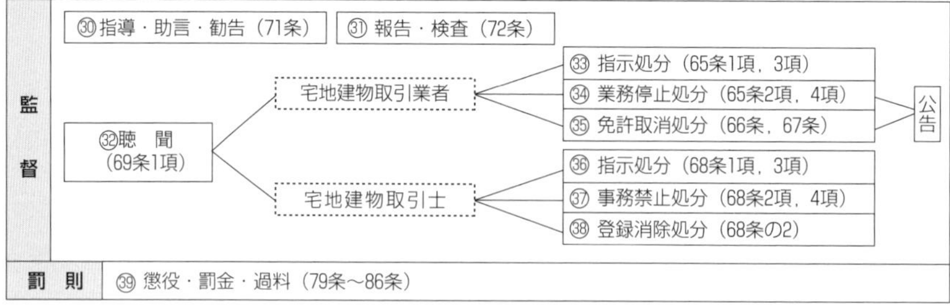

宅地建物取引業法 および同法の関係法令

1 総則・免許

2 宅地建物取引士

3 営業保証金

4 業　　務

5 宅地建物取引業保証協会

6 監 督 等

7 住宅瑕疵担保履行法

1 総則・免許

1 この法律の目的

宅地建物取引業法１条は，「この法律は，宅地建物取引業を営む者について免許制度を実施し，その事業に対し必要な規制を行うことにより，その業務の適正な運営と宅地及び建物の取引の公正とを確保するとともに，宅地建物取引業の健全な発達を促進し，もって購入者等の利益の保護と宅地及び建物の流通の円滑化とを図ることを目的とする」と定めている。

この規定からも明らかなように，この法律は宅地建物取引業者の保護，育成を図るというよりも，むしろその**営業活動にある一定の規制**を加えることを主眼としている。たとえば，免許制度，宅地建物取引士の設置，営業保証金の供託などがそれである。これは，宅地建物は人々の生活の基盤となる重要な財産であって，しかもその価格は他の一般諸財よりも高価である。また，その流通が阻害されるようなことがあれば，社会的にも悪影響をもたらすから，その取引は慎重に，しかも円滑適正に行われることが必要だからである。

しかしながら，「購入者等の利益の保護と宅地及び建物の流通の円滑化を図る」ためには，宅地建物取引業者の営業行為に規制を加えることもさることながら，宅地建物取引業者自身が業務の積極的な改善を行い，「宅地建物取引業の健全な発達の促進」に努めることも必要である。すなわち，この法律の目的とするところは，宅地建物取引業者の業務に関し必要な規制を加えて，その業務の適正な運営を図るとともに，宅地建物取引業者自身も自らの資質の向上に努め，もって購入者等の利益の保護と宅地建物の流通の円滑化を図ることにある。

POINT

「宅地建物取引業の業務の適正な運営と取引の公正の確保」および「宅地建物取引業の健全な発達の促進」の二本柱となっている

2 用語の定義

⊕R1・R2・R3・R5

❶宅　　地

宅地とは，第1に，建物の敷地に供せられる土地である（2条1号）。したがって，その土地の地目が，農地，山林，原野等であっても，現に建物の敷地の用に供されているものであれば，この法律上は宅地である。また，現に建物の敷地に供されていなくとも，建物の敷地に供する意図のある土地で，取引の際，その意図が明らかなものは，たとえ地目・現況が山林，原野であっても宅地である。

第2に，建物の敷地に供せられている土地でなくとも，都市計画として用途地域の指定のある地域内の土地であれば，この法律上は宅地である（同条1号）。ただし，道路，公園，河川のほか広場および水路のような公共の用に供されている土地は，この宅地の定義から除外されている。

POINT
建物の敷地に供せられる土地であるか否かは，土地の周辺の状況，区画割，区画街路，分譲価格等から客観的・総合的に判断する必要がある

□Challenge
用途地域の指定のある地域内の土地で，原野は宅地であるが，公共の用に供されている広場は宅地ではない。

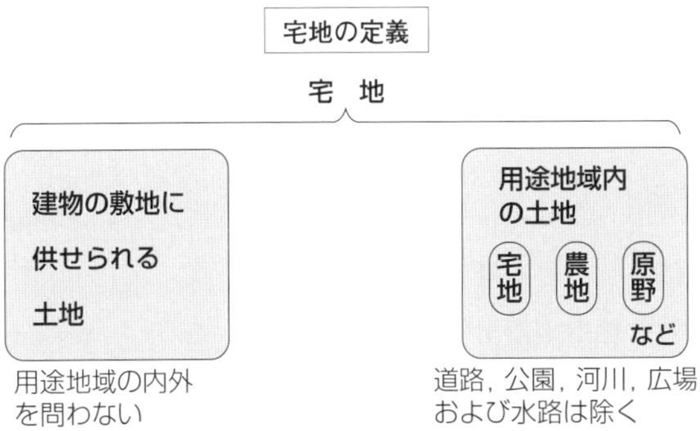

宅地の定義

宅　地

建物の敷地に供せられる土地
用途地域の内外を問わない

用途地域内の土地
宅地　農地　原野　など
道路，公園，河川，広場および水路は除く

❷建　　物

この法律では，建物の範囲についてはとくに限定していない。ただ法2条2号において，「建物（建物の一部を含む）」と規定しているにすぎない。「建物の一部を含む」としたことは，マンションの分譲を行う場合や，アパートの一室または住居の一部屋などを賃貸する場合のように，建物の一部が独立した取引

POINT
建物について，不動産登記規則111条は，「屋根及び周壁又はこれらに類するものを有し，土地に定着した建造物であって，その目的とする用途に供し得る状態にあるものでなければならない」と規定している

（○）

行為の対象になることが多いので，とくに法律上明らかにしたものである。

❸宅地建物取引業

宅地建物取引業とは，①宅地建物の**売買**，**交換**を業として行うもの，②宅地建物の**売買**，**交換**もしくは**貸借**の**代理**あるいは**媒介**をする行為で業として行うものをいう（2条2号）。

ここでいう「**業として行う**」とは，宅地建物の売買，交換または宅地建物の売買，交換もしくは貸借の代理あるいは媒介をする行為が，**不特定多数の相手方または依頼者のために継続的または反覆的**に行われ，社会通念上，事業の遂行とみられる程度のものをいう。たとえば，事務所や営業所を設けて不特定多数の者を相手として営業している場合，または事務所や営業所はないが，継続して多くの顧客のために宅地建物の取引のあっせんをしている場合は，業として行っていることになる。

ただし，会社が自社の社員の福利厚生を目的として，自社の社員のみを対象に宅地建物の分譲を行う場合や，大学が自校の学生のみを対象に貸間の斡旋を行う場合は，宅地建物取引業に該当しないとしている。

POINT
「業として」行っているか否かの判断は個別具体的なケースによって行うべきで，具体的に何回繰り返せば「反覆」にあたるなど一律に決めるべきものではない

●売　買

売買とは，当事者の一方がある財産権を相手方に移転することを約し，相手方がこれに対してその財産権の代金を支払うことを約することによって効力を生ずる契約である。したがって，1つの物件の売買には，常に売渡し行為と買取り行為の2つがともなうもので，この両方の行為をさして売買という。売買は不動産取引の代表的なもので，宅地だけを扱うものおよび宅地建物を扱うもの等がある。土地の分譲業者，宅地建物の販売業者などがこれである。

□Challenge
建設会社Aが，所有宅地を10区画に分割し，宅地建物取引業者Bの代理により，不特定多数に継続して販売する場合，Aは免許を受ける必要はない。

（×）

●交　換

交換とは，当事者双方が，互いに不動産等を相手方に移転することを約する契約である。たとえば，不動産業者が地主に土

宅地建物取引業の定義

	当事者	代理	媒介
売買	○	○	○
交換	○	○	○
貸借	×	○	○
宅地建物の貸借については，自分が当事者となって，たとえ貸借を業として行っても，業法上の業務には該当しない。			

※　業として行う場合に，○印の行為が宅地建物取引業となる。

地を提供してもらってマンションを建築し，地主に土地代に見合うマンションを提供する，いわゆる，マンションの等価交換がその代表的な例であろう。

●貸　借

貸借とは，当事者の一方が相手方に，ある物の使用および収益をさせることを約し，相手方がこれに対価として賃借料を支払うことを約する賃貸借と，当事者の一方が無償で使用および収益をしたのち返還することを約して相手方からある物を受け取ることを約する使用貸借とがある。ここでいう貸借には，この両者が含まれる。

□**Challenge**
地主Eが，その所有地にオフィスビル10棟を建築して，自ら新聞広告で入居者を募集したうえ，それぞれ入居希望者に賃貸し，そのビルの管理をFに委託する場合，E及びFは，ともに宅地建物取引業の免許を必要としない。

●代　理

代理とは，本人のためにすることを示して，意思表示をし，または意思表示を受け，これにより直接に本人に対して，法律効果を発生させる行為である。たとえば，Aの建物の売却をBが代理するということは，AとBとの委任契約によって，BがAからまかせられた権限内で，Aの建物についてCとの間に売買契約を締結し，その契約の結果として生ずるすべての権利義務がAに帰属するというやり方である。

●媒　介

媒介とは，第三者が当事者の依頼により当事者双方の間にたって法律行為を成立させることに尽力することである。取引の成立のために尽力するあっせんまたは仲介などがこれである。したがって，自己の名で本人に代わって意思表示をしたり，

(○)

または相手方から意思表示を受け取る代理とは異なり，単に当事者の依頼により，当事者双方の間に立って，売買，交換，貸借等を成立させるための事実上の行為である。

❹宅地建物取引業者

宅地建物取引業者とは，法3条1項の免許を受けて宅地建物取引業を営む者である（2条3号)。したがって，免許を受けないで宅地建物取引業を営む者は，宅地建物取引業者には該当しない。

なお，宅地建物取引業を営む**信託会社**は，国土交通大臣の免許を受けた宅地建物取引業者とみなされる（77条)。また，国および地方公共団体等については，免許を受けなくても宅地建物取引業を営むことができる。

□**Challenge**
信託業法第3条の免許を受けた信託会社が宅地建物取引業を営もうとする場合，免許を取得する必要はないが，その旨を国土交通大臣に届け出ることが必要である。

❺宅地建物取引士

各事務所に設置される**宅地建物取引士**とは，「宅地建物取引士証の交付を受けた者」（2条4号）をいう。すなわち，宅地建物取引士となるためには，まず，宅地建物取引士資格試験に合格し，当該試験を行った都道府県知事の登録を受け，しかる後に登録をしている都道府県知事から宅地建物取引士証の交付を受けなければならない。

3 免許手続等

⊕R1・R2・R3・R4・R5

❶免許権者

宅地建物取引業を営もうとする者は，二以上の都道府県の区域内に事務所を設置して，その事業を営もうとする場合には国土交通大臣の，**一の都道府県**の区域内だけに事務所を設置して，その事業を営もうとする場合にあっては当該事務所の所在地を管轄する都道府県知事の免許を受けなければならない（3条1項)。たとえば，東京都内に本店を置き，埼玉県と千葉県に支店を開設する場合には，国土交通大臣の免許を受けること

POINT
大臣または知事の免許を受ければ，宅地建物取引業を適法に営むことができる

(○)

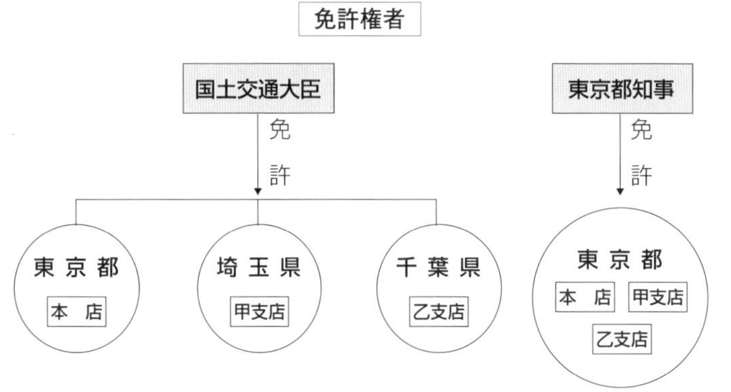

POINT
大臣または知事は，免許に条件を付すことができる

になる。これに対し，東京都内に本店のほか数個の支店を開設する場合には，東京都知事の免許を受ければよいことになる。

❷免許の更新等

免許の有効期間は，5年である（3条2項)。有効期間の満了後も引き続き宅地建物取引業を営もうとする者は，**免許の更新**を受けなければならない（同条3項)。

免許の更新の申請は，**免許の有効期間満了の日の90日前から30日前までの間**にしなければならない(則3条)。この場合，従前の免許の有効期間満了の日までにその申請について，免許または免許拒否の処分がされないときは，処分があるまで**従前の免許がその効力**を有する（3条4項)。その後，免許の更新がなされたときは，その免許の有効期間は，従前の免許の有効期間の満了の日の翌日から起算するものとしている(同条5項)。

❸免許の地域的効果

免許を申請し，国土交通大臣または都道府県知事から免許証の交付を受けて，法25条の規定により**営業保証金を供託してその旨を免許権者に届出**をすれば，ただちに営業を開始することができる。この場合，その免許が，国土交通大臣のものであっても，あるいは都道府県知事のものであっても，その効果には差異がないので，いずれかから免許を受ければ，全国どの都道府県において取引をしてもさしつかえない。

□**Challenge**
A社が，甲県に本店を，乙県に支店をそれぞれ有する場合で，乙県の支店のみで宅地建物取引業を営もうとするとき，A社は，乙県知事の免許を受けなければならない。

（×）

POINT
大臣または知事の免許を受けて営業を開始すれば，全国どこの地域でも宅地建物取引業を営むことができる

❹事務所の定義

この免許制度においては，次のことから事務所の定義が重要な意味をもっている。

① **事務所の所在地**によって**免許権者が異なる**こと。

② **事務所の数**によって，供託しなければならない**営業保証金の額が異なる**こと。

③ 事務所には，**一定の数の専任の宅地建物取引士を設置**しなければならないこと。

④ **事務所の代表者**（店長等）である者は，免許の要件として**審査の対象**となること。

そこで，法3条1項では**事務所**を「**本店，支店その他の政令で定めるものをいう**」と規定している。これを受けて施行令1条の2は，1号において「本店又は支店（商人以外の者にあっては，主たる事務所又は従たる事務所）」，2号において「前号に掲げるもののほか，継続的に業務を行うことができる施設を有する場所で，宅地建物取引業に係る契約を締結する権限を有する使用人を置くもの」と定義している。

1号の本店または支店とは，会社上のそれと同じで，**営業所**であることを必要とし，会社の営業活動の中心としての実質を備え，**相当の期間，一定の範囲内の営業については，独立して営業を継続**することのできる**人的かつ物的施設と組織**があることを必要とする。

POINT
本店は，業務を統轄するところで，宅建業の業務を行っていなくても事務所に該当するが，宅建業を営まない支店は該当しない

2号に掲げるものについては，**継続的に業務を行いうる施設**を有することが必要で，テント張りや移動容易なものは事務所の概念から除かれる。また，人的要件としては，**宅地建物取引業にかかる契約を締結する権限をもった者**が，その場所にいることを必要とする。

❺免許の条件

国土交通大臣または都道府県知事は，新たに免許をするときまたは免許の更新をするときは，その免許に条件（たとえば，

必要に応じて定期的な報告を求める）を付し，あるいは先に付した条件を変更することができる。ただし，この条件は，宅地建物取引業の適正な運営ならびに宅地建物の取引の公正を確保するため，必要な最小限度のものに限られるので，免許を受ける者に不当な義務を課することとならないものでなければならない（3条の2）。

❻免許申請手続

免許の申請にあたっては，免許申請書に，商号，申請者の氏名（法人の場合は，役員の氏名），**政令で定める使用人**の氏名，事務所の名称と所在地，各事務所に置かれる**専任の宅地建物取引士**の氏名等を記載しなければならない（4条1項）。また，申請書には，宅地建物取引業経歴書，身分証明書，誓約書等の一定の書類を添付して（同条2項），二以上の都道府県の区域内に事務所を設置する場合には**国土交通大臣**に，一の都道府県の区域内に事務所を設置する場合にはその事務所を管轄する**都道府県知事**に提出しなければならない。

POINT
政令に定める使用人とは，業者の使用人で，事務所の代表者のことをいう（令2条の2）

POINT
国土交通大臣は，免許をした場合には，申請書類の写しを本店の所在地を管轄する都道府県知事に送付しなければならない（法78条の3。令和6年5月25日施行）

❼宅地建物取引業者名簿への登載

国土交通大臣または都道府県知事は，免許をしたときは，免許証を交付する（6条）。この場合，国土交通省および都道府県に備えてある**宅地建物取引業者名簿**に，**国土交通大臣の免許**を受けた宅地建物取引業者（以下「宅建業者」という）に関する事項を，また，**都道府県知事の免許**を受けた宅建業者および国土交通大臣の免許を受けた宅建業者で，当該都道府県の区域内に主たる事務所を有するものに関する事項として，それぞれ，その宅建業者の免許証番号，商号または名称，事務所の名称および所在地，専任の宅地建物取引士の氏名，政令で定める使用人がいるときはその者の氏名等を登載しなければならない（8条）。

また，この名簿には，その宅建業者が兼業を行っているときは，その種類を記載し，さらにその宅建業者が指示，業務停止処分を受けたときは，その内容等を記載しなければならない（8条，則5条）。

なお，都道府県知事等は，閲覧所を設けて，この**名簿を一般の閲覧**に供しなければならない(10条，則5条の2)。また，宅建業者は，この宅建業者名簿の**登載事項に変更**が生じたときは，30日以内に，その旨を免許を受けた国土交通大臣または都道府県知事に届け出なければならない（9条)。

□Challenge
宅地建物取引業者が，取引業以外の事業を行っていても，その事業の種類，規模などは宅地建物取引業者名簿には登載されない。

4 免許の基準

⊕R1・R2・R3・R5

国土交通大臣または都道府県知事は，免許申請者が**次の要件**のいずれかに該当する場合または免許申請書もしくはその添付書類中に重要な事項について虚偽の記載があり，もしくは重要な事実の記載が欠けている場合には，免許を与えてはならない（5条1項)。

① **破産手続開始の決定を受けて復権を得ない者**(同項1号)

② 法66条1項8号（不正の手段により免許を受けたとき）または9号（業務停止処分事由に該当し情状がとくに重いときなど）に該当することにより免許を取り消され，その**取消しの日から5年を経過しない者**

また，免許を取り消された者が法人である場合には，当該取消しにかかる聴聞(ちょうもん)の期日および場所の公示の日前60日以内にその法人の役員であった者で，その取消しの日から**5年を経過しないもの**（5条1項2号）

つまり，法人が免許を取り消された場合には，上記の公示前60日以内にその法人の役員であったかどうかが問題となる。たとえば，聴聞の公示が行われたのが5月1日であり，ある取締役が退任したのが3月15日であるとすると，その取締役は，「公示の日前60日以内に当該法人の役員であった」に該当するので，その取締役であった者はもちろ

POINT
破産者は，復権すれば，ただちに免許を受けることができる

(×)

②のケース

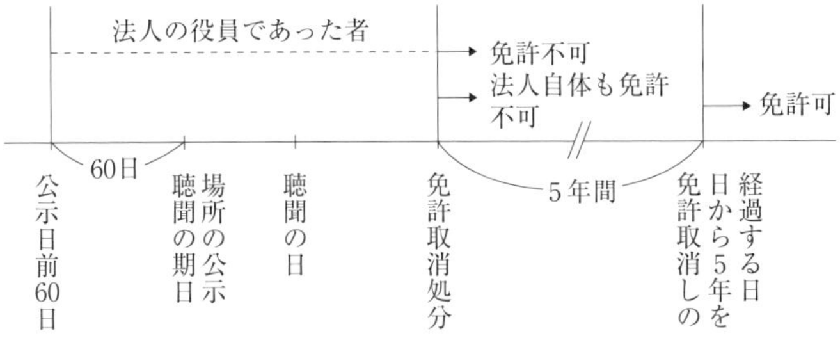

法人の役員であった者
免許不可
法人自体も免許不可
免許可
60日
5年間
公示日前60日
聴聞の期日場所の公示
聴聞の日
免許取消処分
免許取消しの日から5年を経過する日

んのこと，新たに免許を申請した法人の役員に含まれているときは，５年間，免許を受けることができない。

また，ここでいう**役員**とは，業務を執行する社員，取締役，執行役またはこれらに準ずる者をいい，相談役，顧問その他いかなる名称を有する者であるかを問わず，法人に対し業務を執行する社員，取締役またはこれらに準ずる者と同等以上の支配力を有するものと認められる者（たとえば，相当数の株式をもつ株主）を含むものとしている（５条１項２号かっこ書)。

③　法66条１項８号または９号（118頁参照）に該当するとして，免許の取消処分の聴聞の期日および場所が公示された日から，当該処分をする日または当該処分をしないことを決定する日までの間に，法11条１項４号（解散）または５号（廃業）の規定による届出があった者（解散または廃業について相当の理由がある者を除く）で当該**届出の日**から**５年を経過しないもの**（５条１項３号）

つまり，免許の取消処分の聴聞の公示ののち，監督処分を免れる目的で廃業等の届出をした者は，５年間，免許を受けることができない。

④　免許の取消処分の聴聞の期日および場所が公示された日から当該処分をする日または当該処分をしないことを決定する日までの間に，合併により消滅した法人または解散ま

□**Challenge**
宅地建物取引業者Aの従業者で，役員または政令で定める使用人ではないが，専任の宅地建物取引士であるBが，刑法第246条（詐欺）の罪により懲役の刑に処せられたとき，このことを理由としてAの免許が取り消されることはない。

（○）

③と④のケース

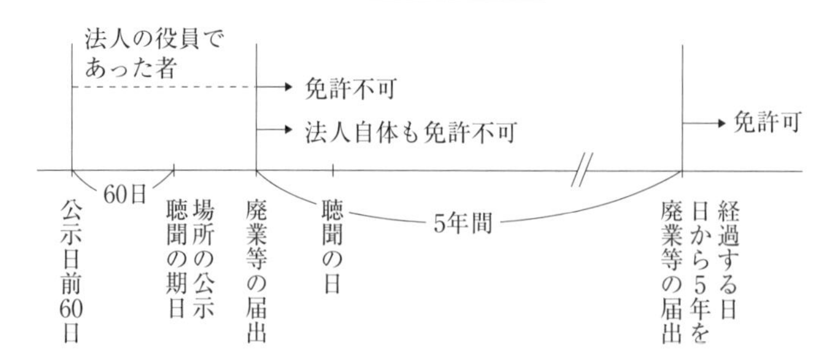

たは廃業の届出があった法人（合併，解散または廃業について相当の理由がある法人を除く）の上記の公示の日**前60日以内**に役員であった者が当該消滅または届出の日から**5年を経過しないもの**（5条1項4号）

これは，前記②の法人の役員に対する規制と同趣旨で，免許の取消処分の聴聞の公示ののち，廃業等を行った法人の役員について連座もしくは連帯責任として，5年間，免許取得を禁止したものである。

⑤　**禁錮以上の刑**に処せられ，その刑の執行を終わり，または刑の執行を受けることがなくなった日から**5年を経過しない者**（同項5号）

なお，刑の執行猶予中の者は，刑に処せられた者で，ただ単にその執行を猶予されているに過ぎないから，その期間中は免許を受けられない。

POINT
執行猶予期間が満了した場合には，刑の言渡しの効力が消滅するので，他に欠格要件がなければ，ただちに免許を受けることができる

⑥　この法律もしくは暴力団員による不当な行為の防止等に関する法律（暴力団対策法）に違反し，または刑法犯である傷害，現場助勢，暴行，凶器準備集合，脅迫，背任等の行為をなし，および暴力行為等処罰に関する法律（暴力行為等処罰法）の罪を犯し，**罰金の刑**に処せられ，その刑の執行を終わり，または執行を受けることがなくなった日から**5年を経過しない者**(同項6号)

⑦　暴力団対策法による暴力団員または暴力団員でなくなっ

免許を受けられない者

区分	主たる欠格事由	条項（5条1項）	申請者 法人	申請者 個人	役員	法定代理人	政令使用人
5年間免許を受けられない場合	免許不正取得，情状が特に重い不正行為または業務停止処分違反をして免許を取り消された場合	2号，11号～13号	×	×	×	×	×
	免許不正取得，情状が特に重い不正行為または業務停止処分違反をした疑いがあるとして免許取消処分の聴聞の公示をされた後，廃業等の届出を行った場合	3号，4号，11号～13号	×	×	×	×	×
	★禁錮以上の刑または宅建業法違反等により罰金の刑に処せられた場合 ※法5条1項5号および6号は，下記※④を参照	5号，6号，11号～13号	×	×	×	×	×
	暴力団の構成員である場合	7号	×	×	×	×	×
	免許の申請前5年以内に宅建業に関して不正または著しく不当な行為をした場合	8号，11号～13号	×	×	×	×	×
その他	破産手続の開始決定を受けている場合	1号，11号～13号	×	×	×	×	×
	宅建業に関し不正または不誠実な行為をするおそれが明らかな場合	9号，11号～13号	×	×	×	×	×
	心身の故障により宅建業を適正に営むことができない者	10号，11号～13号	×	×	×	×	×
	事務所に専任の宅建士を設置していない場合	15号	×	×	－	－	－

(注)①×印に該当するときには，免許を受けられない。

②「役員」には，どのような役名であっても法人に対して業務を執行する権限を有する者と同等以上の支配力を有すると認められる者を含む。

③「法定代理人」とは，営業に関し成年者と同一の能力を有しない未成年者の親権者または後見人をいう。

※④★法5条1項5号（抜粋）

「禁錮以上の刑に処せられて，その刑の執行を終わり，又は執行を受けることがなくなった日から5年を経過しない者」

⑤★法5条1項6号（抜粋）

「宅地建物取引業法若しくは暴力団員による不当な行為の防止等に関する法律の規定（同法第32条の3第7項及び第32条の11第1項の規定を除く。第18条第1項第5号の2及び第52条第7号ハにおいて同じ。）に違反したことにより，又は刑法第204号（傷害），第206号（現場助勢），第208号（暴行），第208号の2（凶器準備集合及び結集），第222条（脅迫）若しくは第247条（背任）の罪若しくは暴力行為等処罰に関する法律の罪を犯したことにより，罰金の刑に処せられ，その刑の執行を終わり，又は執行を受けることがなくなった日から5年を経過しない者」

た日から5年を経過しない者（暴力団員等，同項7号）

⑧　免許の申請前5年以内に宅建業に関し**不正**または**著しく不当な行為**をした者（同項8号）

⑨　宅建業に関し不正または不誠実な行為をするおそれが明らかな者（同項9号）

⑩　精神の機能の障害により必要な認知，判断および意思疎通を適切に行うことができないため，宅建業を適正に営むことができない者（同項10号）

⑪　営業に関し成年者と同一の行為能力を有しない未成年者でその法定代理人（法定代理人が法人の場合は，その役員を含む）が①から⑩までのいずれかに該当するもの（同項11号）

⑫　法人でその役員または政令で定める使用人（事務所の代表者）のうちに①から⑩までのいずれかに該当する者のあるもの（同項12号）

⑬　個人で政令で定める使用人のうち，①から⑩までのいずれかに該当する者のあるもの（同項13号）

⑭　暴力団員等がその事業活動を支配する者（同項14号）

⑮　事務所について専任の宅地建物取引士の設置要件を欠く者（同項15号）

POINT
宅建業法に違反し，または傷害罪等の罪を犯し，罰金の刑に処せられた者は，宅建業から排除される

POINT
宅建業を適正に営む能力を確認するため，後見登記等ファイルに登記されていないことの証明書または医師の診断書の提出を求める

POINT
「営業に関し成年者と同一の行為能力を有しない未成年者」とは，宅建業にかかる営業に関し法定代理人の許可を得ていない者をいう

5 免許換え

出R2・R3

免許換えとは，国土交通大臣または都道府県知事の免許を受けている宅建業者が事務所を**廃止**し，**移転**し，または**新たに設置**することにより，その**免許権者が異なることとなった場合**にとる手続である。この手続を必要とする場合は，次の①～③に該当する場合である（7条1項)。

①　国土交通大臣の免許を受けている宅建業者が事務所の廃止に伴い，二以上の都道府県に事務所を設置する宅建業者

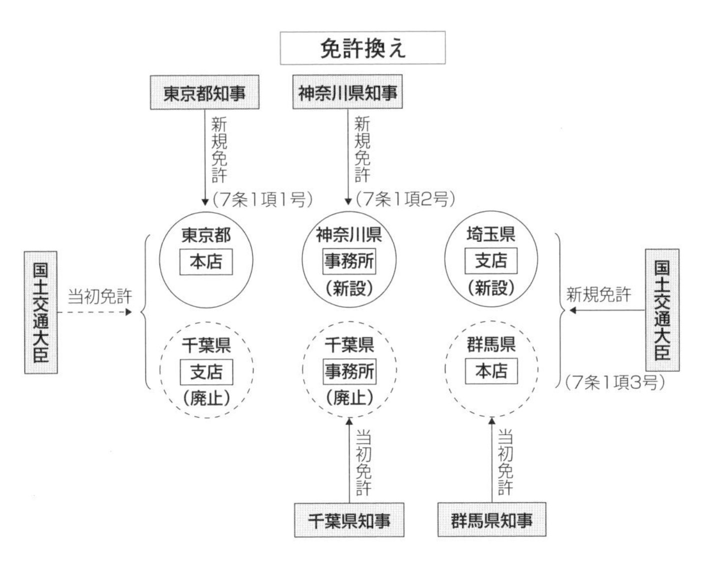

□Challenge

Aが，甲県の区域内の事務所を廃止し，乙県の区域内に新たに事務所を設置して引き続き宅地建物取引業を営もうとする場合には，Aは，乙県知事に免許換えの申請をし，乙県知事の免許を受けた後，甲県知事に廃業の届出をしなければならない。

でなくなったとき。この場合には，存続する事務所の所在地を管轄する都道府県知事の免許を受けなければならない。

② A県知事の免許を受けている宅建業者が，A県内におけるすべての事務所を廃止して，B県内に事務所を設置することになったとき。この場合には，B県知事に免許換えの申請をしなければならない。

③ A県知事の免許を受けている宅建業者が二以上の都道府県に事務所を有することとなったとき。この場合には，国土交通大臣に免許換えの申請をしなければならない。

POINT

A県内におけるすべての事務所を廃止したとしても廃業するわけではないので，廃業の届出を行う必要はない

また，免許換えにより新免許を与えられたときは，従前の免許はその効力を失う。

なお，宅建業者が免許換えの手続をしたが，従前の免許の有効期間満了の日までにその申請について処分がなされなかったときは，**従前の免許**は，有効期間満了後もその処分がなされるまでの間は，なおその効力を有する（7条2項）。

宅建業者が法3条1項の免許を受けた後，法7条1項各号（免許換えを必要とする場合）のいずれかに該当して引き続き

(×)

宅建業を営もうとする場合において，国土交通大臣または都道府県が新たな免許を与えたときは，遅滞なく，その旨を，従前の免許をした都道府県知事または国土交通大臣に**通知**するものとされている（則4条の5）。

6 免許の失効

⊕R2

宅建業者の免許は，次の事由によってその効力を失う。

① 免許を受けてから5年を経過したにもかかわらず，更新の手続をとらなかったとき（3条2項）。

② 免許換えの場合において，新たに免許を受けたときは，従前の免許はその効力を失う（7条1項）。この場合，宅建業者は，遅滞なく，その免許を受けた国土交通大臣または都道府県知事に免許証を返納しなければならない（則4条の4第1項1号）。

③ 免許を受けた個人が死亡したり，法人が合併により消滅したとき。すなわち，免許の対象となった個人または法人が存在しなくなったので，届出をまたず，その事実が発生したときに，当然にその効力を失うことになる。

POINT
免許については，相続または承継ということはあり得ない

④ 宅建業者が廃業したり，破産手続開始の決定があった場合に，その旨の届出をしたとき（11条2項）。

⑤ 免許が取り消されたとき。すなわち，当初与えられた免許の効力を否定する処分であるから，当然に営業を継続することができない。

7 変更等の届出

❶変更の届出

⊕R1・R2・R3・R5

宅建業者は，次の事項について変更があったときは，**30日以内**に免許を受けた国土交通大臣または都道府県知事に届け出な

ければならない（9条）。

① 商号または名称
② 法人である場合の役員および政令で定める使用人（事務所の代表者）の氏名
③ 個人である場合の営業主および政令で定める使用人（事務所の代表者）の氏名
④ 事務所の名称および所在地
⑤ 事務所ごとに置かれる専任の宅地建物取引士の氏名

POINT
国土交通大臣（地方整備局等）は，届出を受理した場合には，届出書類の写しを本店の所在地を管轄する都道府県知事に送付しなければならない（78条の3。令和6年5月25日施行）

❷廃業等の届出

宅建業者が，次の事項に該当することとなったときは，それぞれの届出義務者は，その該当した日（死亡の場合には，その事実を知った日）から**30日以内**に，その旨を免許を受けた国土交通大臣または都道府県知事に届け出なければならない（11条1項）。

① 宅建業者が死亡した場合……**相続人**
② 法人が合併により消滅した場合……その法人を**代表する役員であった者**
③ 破産手続開始の決定があった場合……**破産管財人**
④ 法人が解散した場合……**清算人**
⑤ 宅建業者が廃業した場合……個人の場合は**営業主**，法人の場合は**代表する役員**

□**Challenge**
宅地建物取引業者であるA法人がB法人に吸収合併され消滅した場合には，B法人を代表する役員は，30日以内に，免許を受けた者にその旨の届出をしなければならない。

8 無免許事業・名義貸しの禁止

令R1

この法律の目的とするところは，免許制度を実施することにより，その業務について必要な規制を加えて適正な運営を図り，もって購入者等の利益の保護と宅地および建物の流通の円滑化を図ることにある。そのため，次のような**無免許事業・名義貸しの禁止規定**が設けられている。

（×）

❶無免許事業等の禁止

① 宅建業の免許を受けない者は，宅建業を営んではならない（12条1項）。

② 宅建業の免許を受けない者は，宅建業を営む旨の表示をし，または宅建業を営む目的をもって，広告をしてはならない（同条2項）。

すなわち，宅建業者という文字を用いて活動したり，看板を掲示したりして，実態的に宅建業を営んでいると一般の者に誤解を与えるような行為は許されない。

なお，①に違反した者は，3年以下の懲役もしくは300万円以下の罰金に処せられ，またはこれを併科される（79条）。また，②に違反した者は，100万円以下の罰金に処せられる（82条）。

POINT
無免許で宅建業を営んだり，免許の名義を他人に貸して宅建業を営ませたりする行為は，免許制度を根底からおびやかす重大な不正行為である

❷名義貸しの禁止

① 宅建業者は，自己の名義をもって，他人に宅建業を営ませてはならない（13条1項）。

② 宅建業者は，自己の名義をもって，他人に，宅建業を営む旨の表示をさせ，または宅建業を営む目的をもってする広告をさせてはならない（同条2項）。

すなわち，名義を貸して宅建業を営ませたり，あるいは，名義を貸した取引業者の名称で看板を掲げたり，あるいは宣伝，広告をしたり，ビラを頒布するような行為は許されない。

なお，①に違反した者は，3年以下の懲役もしくは300万円以下の罰金に処せられ，またはこれを併科される（79条）。また，②に違反した者は，100万円以下の罰金に処せられる（82条）。

2 宅地建物取引士

1 宅地建物取引士の業務処理の原則等

⊕R4・R5

❶業務処理の原則

宅地建物取引士は，宅建業の業務に従事するときは，宅地または建物の取引の専門家として，購入者等の利益の保護および円滑な宅地または建物の流通に資するよう，公正かつ誠実にこの法律に定める事務を行うとともに，宅建業に関連する業務に従事する者との連携に努めなければならない（15条）。

❷信用失墜行為の禁止，知識および能力の維持向上

宅地建物取引士は，宅地建物取引士の信用または品位を害するような行為をしてはならない（15条の２）。

また，宅地または建物の取引にかかる事務に必要な知識および能力の維持向上に努めなければならない（15条の３）。

□**Challenge**
「宅地建物取引業者は，取引の関係者に対し，信義を旨とし，誠実にその業務を行わなければならない」との規定があるが，宅地建物取引士については，規定はないものの，公正かつ誠実に宅地建物取引業法に定める事務を行うとともに，宅地建物取引業に関連する業務に従事する者との連携に努めなければならないものと解されている。

2 宅地建物取引士資格登録

⊕R1・R2・R3・R4

宅地建物取引士資格試験に合格した者で，宅地建物の取引に関し２年以上の**実務の経験を有するもの**，または国土交通大臣がその実務の経験を有するものと**同等以上の能力を有するものと認めたもの**は，次の❶の欠格要件に該当しない限り，所定の手数料を支払って，その試験を行った**都道府県知事の登録**を受けることができる（18条１項，則13条の15）。

なお，都道府県知事は，登録申請書の提出を受け，資格登録をしたときは，遅滞なく，その旨を当該登録にかかる者に通知しなければならない。登録申請をした者が欠格要件などに該当する者であるときは，その登録を拒否するとともに，遅滞なく，その理由を示して，その旨をその者に通知しなければならない

POINT
２年以上の実務経験を有しない者は，登録を受けることはできない

POINT
登録には，有効期間の定めがないので，一度登録を受けた者は，その登録が消除されるまで有効である

（×）

(19条，則14条の４)。

❶登録の欠格要件

次に掲げる欠格要件に該当する者は，登録を受けることができない（18条１項)。

① 宅建業にかかる**営業**に関し**成年者と同一の行為能力**を有しない**未成年者**（同項１号)

② 破産手続開始の決定を受けて復権を得ない者(同項２号)

③ 不正の手段により宅建業の免許を受けたこと，または業法違反等があり情状が特に重いことなどの理由により免許を取り消され，その取消しの日から**5年を経過しない者**

当該免許を取り消された者が法人である場合には，当該取消しにかかる聴聞の期日および場所の**公示の日前60日以内にその法人の役員**であった者で当該取消しの日から**5年を経過しないもの**（同項３号)

④ 不正の手段により宅建業の免許を受けたこと，または業法違反等があり情状が特に重いことなどの理由により免許取消しに該当するとして，免許の取消処分の聴聞の期日および場所が公示された日から当該処分をする日または当該処分をしないことを決定する日までの間に，**廃業の届出があった者**（廃業について相当の理由がある者を除く）で，当該届出の日から**5年を経過しないもの**（同項４号)

⑤ 法５条１項４号に該当する者（同項５号。19・20頁，免許の基準の④参照)

⑥ **禁錮以上の刑**に処せられ，その刑の執行を終わり，または執行を受けることがなくなった日から**5年を経過しない者**（同項６号)

⑦ この法律もしくは暴力団対策法の規定に違反し，または刑法犯である傷害，現場助勢，暴行，凶器準備集合，脅迫，背任等の行為をなし，もしくは暴力行為等処罰法の罪を犯し，**罰金の刑**に処せられ，その刑の執行を終わり，または

POINT
未成年者であっても民法6条の規定によって法定代理人から宅建業を営むことについて許可を得ている者は，登録を受けることができる

□**Challenge**
登録の申請は，宅地建物取引士資格試験を行った都道府県知事（指定試験機関に試験事務を行わせたときは，その試験事務を行わせた都道府県知事）に対して，行わなければならない。

(○)

執行を受けることがなくなった日から5年を経過しない者（同項7号）

⑧ 暴力団員等（同項8号）

⑨ 不正の手段により宅地建物取引士資格登録を受けたことなどにより**登録の消除**の処分を受け，その処分の日から5年**を経過しない者**（同項9号）

⑩ 不正の手段により宅地建物取引士資格登録を受けたなどに該当するとして，登録の消除処分の聴聞の期日および場所が公示された日から当該処分をする日または当該処分をしないことを決定する日までの間に，登録の消除の申請をした者（消除の申請について相当の理由がある者を除く）で，当該登録が消除された日から5年**を経過しないもの**（同項10号）

⑪ 宅地建物取引士としてすべき事務の禁止の処分を受け，当該事務の禁止の期間中に**登録の消除の申請**をして，その登録が消除された場合で，まだ事務の禁止の期間が満了しない者（同項11号）

⑫ 精神の機能の障害により必要な認知，判断および意思疎通を適切に行うことができないため，宅地建物取引士の事務を適正に営むことができない者（同項12号）

❷登録の移転

宅地建物取引士の資格登録を受けている者が「当該登録をしている都道府県知事の管轄する都道府県以外の都道府県に所在する宅建業者の事務所の業務に従事し，または従事しようとするとき」は，当該事務所の所在地を管轄する都道府県知事に対し，当該登録をしている都道府県知事を経由して，**登録の移転を申請することができる**（19条の2）。すなわち，宅地建物取引士が勤務地を変更した場合や，勤務する会社をかえた場合，あるいは宅地建物取引士自身が個人営業をしている場合において他の都道府県知事に免許換えをしたり，いったん廃業して他

POINT
勤務地の変更があったからといって，登録の移転が強制されるものではない
また，住所を移転しただけの場合は，登録の移転をすることができない

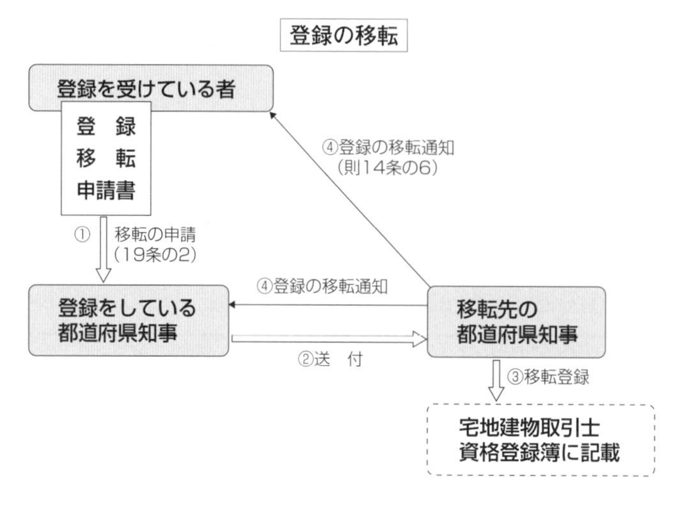

の都道府県で新たに免許を受けた場合には，登録の移転を申請することができる。

ただし，宅地建物取引士が不正または不当な行為を行ったとして事務の禁止処分を受け，その**禁止期間が満了していないときは，登録の移転**をすることができない（同条ただし書）。

❸死亡等の届出

登録を受けている者が，次のいずれかに該当することとなったときは，相続人等は**30日以内**（①の場合にあっては，その事実を知った日）に，その旨を登録をしている都道府県知事に届け出なければならない（21条）。

① 死亡した場合……その**相続人**

② 営業に関し成年者と同一の行為能力を有しない未成年者または破産者，ならびにこの法律の規定に違反し，または傷害等の罪を犯し罰金の刑に処せられたなどに該当するに至った場合……**本人**

③ 精神の機能障害により必要な認知，判断および意思疎通を適切に行うことができないため，宅地建物取引士の事務を適正に営むことができない者に該当するに至った場合……**本人**またはその**法定代理人**もしくは**同居の親族**

□**Challenge**
甲県知事の宅地建物取引士資格登録を受けている宅地建物取引士Aは，乙県知事から事務の禁止処分を受けたが，乙県内に所在する宅地建物取引業者Bの事務所の業務に従事しているため，その禁止の期間が満了すれば，甲県知事を経由して，乙県知事に登録の移転の申請をすることができる。

(○)

❹変更の登録

登録を受けている者は，登録を受けている事項（氏名，生年月日，住所その他国土交通省令で定める事項ならびに登録番号および登録年月日＝**宅地建物取引士資格登録簿**の登載事項）に変更があったときは，**遅滞なく**，変更の登録を申請しなければならない（20条）。

POINT
省令で定める事項
①本籍・性別
②合格年月日・合格証書番号
③実務経験を有する場合はその期間等ならびに従事していた業者の商号・免許証番号等
④実務経験を有するものと同等以上の能力を有すると認められた場合はその内容・年月日
⑤勤務する業者の商号・免許証番号

❺登録の消除

都道府県知事は，次のいずれかに該当する場合には，その者の**登録を消除**しなければならない（22条）。

① 本人から登録の消除の申請があったとき。
② 法21条の規定による死亡等の届出があったとき。
③ 届出がなくとも，登録を受けている者が死亡したことが判明したとき。
④ 試験の合格決定を取り消されたとき。

3 宅地建物取引士証

⊕R1・R2・R3・R4

❶宅地建物取引士証の交付申請と講習の受講義務

宅地建物取引士の資格登録を受けている者は，登録をしている都道府県知事に対して，**宅地建物取引士証の交付を申請することができる**（22条の2第1項）。

POINT
宅地建物取引士証は，運転免許証，パスポートなどと同じように，一種の身分証明書である

宅地建物取引士証の**交付を申請しようとする者は**，登録をしている都道府県知事が指定する講習で，「**交付の申請前6月以内**」に行われるもの（法定講習）を受講しなければならない（同条2項）。すなわち，この講習は登録を受けているすべての者を対象とするものではなく，宅地建物取引士として業務に従事する意思のある者を対象として実施するものである。

ただし，試験に合格した日から**1年以内**に宅地建物取引士証の交付を受けようとする者，または登録の移転申請とともに移転先の都道府県知事に新たな宅地建物取引士証の交付を申請し

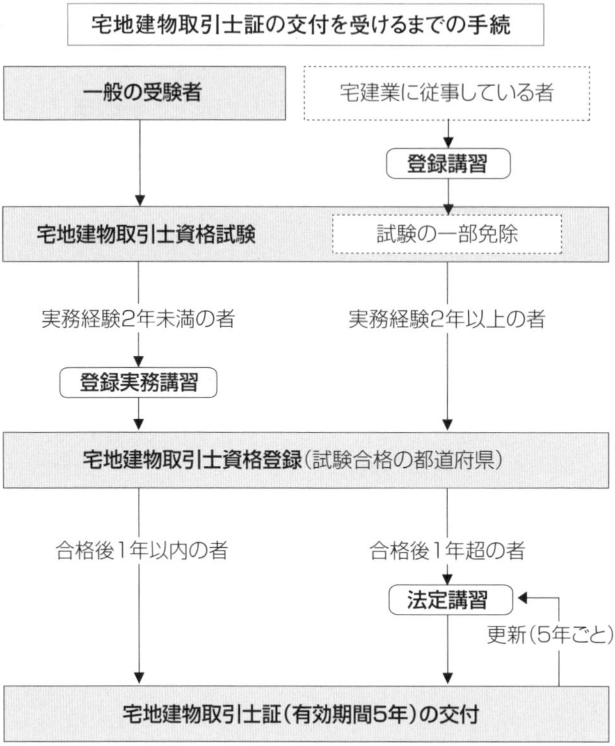

宅地建物取引士証の交付を受けるまでの手続

一般の受験者	宅建業に従事している者
↓	↓ 登録講習
宅地建物取引士資格試験	試験の一部免除
実務経験2年未満の者 ↓ 登録実務講習	実務経験2年以上の者
宅地建物取引士資格登録（試験合格の都道府県）	
合格後1年以内の者	合格後1年超の者 ↓ 法定講習 ← 更新（5年ごと）
宅地建物取引士証（有効期間5年）の交付	

□**Challenge**
宅地建物取引士証の交付を受けようとする者は，国土交通大臣が指定する宅地又は建物の取引に関する実務についての講習で，交付の申請前6月以内に行われるものを，受講しなければならない。

ようとする者は，この講習を受ける必要はない（同条2項）。

❷宅地建物取引士証の有効期間と更新

宅地建物取引士証は，宅地建物取引士として業務に従事する際に関係者に提示するもので，宅地建物取引士証を所持している者がその証において宅地建物取引士であると証明されている者に相違ないことを示すものであり，証の記載事項は真正なものでなければならない。このため，**宅地建物取引士証の有効期間を5年**と定め，その期間経過後は無効とするとともに，申請による有効期間の更新を認め，新たに有効期間5年の宅地建物取引士証を発行することができる（22条の3）。なお，宅地建物取引士証の有効期間の更新を受けようとする者は，都道府県知事が指定する講習で申請前6月以内に行われるもの（法定講習）を受講しなければならない。

POINT
宅地建物取引士証の有効期間は，5年である

（×）

❸登録の移転の場合の措置

宅地建物取引士証の交付を受けている者が登録の移転をしたときは，**当該宅地建物取引士証は効力を失う**（22条の2第4項）。この場合，その者は速やかに効力を失った宅地建物取引士証をその交付をした**都道府県知事に**返納しなければならない（同条6項）。

なお，登録の移転の申請とともに移転先の都道府県知事に対して新たな宅地建物取引士証の交付を申請することができるが，その際に発行される宅地建物取引士証の有効期間は，**従前の宅地建物取引士証の有効期間が満了するまでの期間（残存期間）**となる（同条5項）。

❹宅地建物取引士証の返納と提出

① 宅地建物取引士は，登録が消除されたとき，あるいは宅地建物取引士証が効力を失ったときは，速やかに，宅地建物取引士証をその交付を受けた**都道府県知事に**返納しなければならない（22条の2第6項）。

② 宅地建物取引士が懲戒処分として事務の禁止処分を受けたときは，速やかに，宅地建物取引士証をその交付を受けた**都道府県知事に**提出しなければならない（同条7項）。提出を受けた都道府県知事は，その事務の禁止期間中，宅地建物取引士証を保管・領置することになるが，その期間が満了して提出者から返還の請求があったときは，ただちに**当該宅地建物取引士証を**返還しなければならない（同条8項）。

❺宅地建物取引士証の再交付等

① 宅地建物取引士がその氏名または住所を変更したときは，変更の登録の申請とあわせて，**宅地建物取引士証の**書換え交付の申請をしなければならない。氏名変更の場合，申請時に所有している宅地建物取引士証と引換えに新しい宅地建物取引士証が交付され，住所変更の場合は，宅地建物取引士証に新しい住所が書き加えられる（則14条の13）。

□**Challenge**
宅地建物取引士Aが，甲県知事から宅地建物取引士証の交付を受けている場合で，Aが，甲県の区域内における業務に関して事務禁止の処分を受け，甲県知事に宅地建物取引士証を提出した。この場合，当該処分の期間の満了後返還を請求したときは，甲県知事は，直ちに，宅地建物取引士証をAに返還しなければならない。

（○）

POINT
氏名・住所が変わったときは，変更の登録の申請と宅地建物取引士証の書換え交付の申請をしなければならない

② 宅地建物取引士は，宅地建物取引士証の亡失，滅失，汚損，または破損その他の事由を理由として，その交付を受けた都道府県知事に**宅地建物取引士証の再交付を申請することができる**。この場合，汚損または破損その他の事由を理由とする宅地建物取引士証の再交付は，申請者が現に有する宅地建物取引士証と引き換えに，新たな宅地建物取引士証が交付される。また，亡失により宅地建物取引士証の再交付を受けた者が，再交付後に亡失した宅地建物取引士証を発見したときは，発見した宅地建物取引士証を，その交付を受けた**都道府県知事に返納**しなければならない（則14条の15）。

□**Challenge**
宅地建物取引士証を滅失した宅地建物取引士は，宅地建物取引士証の再交付を受けるまで，法第35条の規定による重要事項の説明をすることができない。

(○)

POINT
重要事項説明の際に宅地建物取引士証を提示しなかった場合には，10万円以下の過料に処せられる

❻宅地建物取引士証の提示

宅地建物取引士は，取引の関係者から**請求**があったときは，**宅地建物取引士証を提示**しなければならない（22条の４）。また，**重要事項の説明**をするときは，宅地建物取引業者の相手方等に対し，**宅地建物取引士証を提示**しなければならない（35条４項）。

4 宅地建物取引士の職務

令R1

宅地建物取引士は，宅建業者の業務に関し，次のような職務と責任を負うものとされている。

❶登録および宅地建物取引士証の受領

宅地建物取引士として宅建業者の業務に従事するためには，まず，都道府県知事が行う宅地建物取引士資格試験に合格し，その**都道府県知事の登録**を受けなければならない。

また，宅地建物取引士とは，「宅地建物取引士証の交付を受けた者」をいうので，宅建業者の業務に従事しようとする者は，登録をしている**都道府県知事から宅地建物取引士証の交付**を受けなければならない。

❷宅地建物取引士証の提示義務

宅地建物取引士は自己の責任を明確にするため，取引の関係者から請求があったとき，および重要事項の説明をするときは，請求した者あるいは説明の相手方に対し，**宅地建物取引士証を提示**しなければならない（22条の4，35条4項）。

❸重要事項の説明等の義務

宅建業者は，法第35条に定める重要事項を宅地または建物の買主または交換により取得しようとする者および借主となろうとする者に対して，宅地建物取引士をして，**書面を交付して説明**させなければならない（35条1項～3項）。

また，法35条1項から3項までの書面の交付にあたっては，宅地建物取引士は，**当該書面に記名**しなければならない（35条5項）。

❹契約締結時における業務の関与

POINT
法37条の書面には宅地建物取引士が記名しなければならない

宅建業者は，宅地または建物の売買，交換および貸借の代理等により契約が成立したときは，遅滞なく，法37条1項，2項に規定する事項を記載した書面を，契約の相手方または代理を依頼した者等に交付しなければならない。

また，宅建業者は，上記の交付すべき書面を作成したときは，宅地建物取引士をして，**当該書面に記名**させなければならない（同条3項）。

3 営業保証金

1 営業保証金の供託

出R2・R3・R5

宅建業を営もうとする者は，免許を受けたのち，事業を開始するまでに，営業保証金を主たる事務所の最寄りの供託所（法務局，地方法務局またはその支局，出張所）に供託しなければならない（25条1項）。

なお，営業保証金は，営業上の取引による債務の支払いを担保するための保証金であり，営業活動の社会的安全を確保するためのものであるから，免許がおりたのち，速やかに供託所に供託されなければならない。

営業保証金の額は，主たる事務所およびその他の事務所ごとに，宅建業者の取引の実情およびその取引の相手方の利益の保護を考慮して，政令で定める額とされている（25条2項）。これをうけて政令では，**「主たる事務所につき1,000万円，その他の事務所につき事務所ごとに500万円の割合による金額の合計額とする」**（令2条の4）と定めている。

❶有価証券による供託

営業保証金は，金銭のほか，国債証券，地方債証券，国土交通大臣が指定した社債券その他の債券をもって供託することができる。

この場合の有価証券の価額は，次により評価することになっている（則15条1項）。

① 国債証券については，その**額面金額**
② 地方債証券，政府保証債については，その額面金額の**100分の90**
③ 上記①および②以外の債券については，その額面金額の**100分の80**

POINT
宅地建物取引業保証協会に加入した宅建業者は，営業保証金の供託が免除される

□**Challenge**
宅地建物取引業者A（甲県知事免許）は，1棟50戸のマンションの分譲を行う案内所を甲県内に設置し，その旨を甲県知事に届け出た後，営業保証金を追加して供託せずに当案内所において分譲を開始しても，宅地建物取引業法違反とはならない。

（○）

なお，割引の方法により発行した債券で供託の日から償還期限までの期間が5年を超えるものについては，次の算式により計算することになっている（則15条2項）。

（算　式）

$$\left\{\frac{\text{額面金額}-\text{発行価額}}{\text{発行の日から償還の日までの年数}}\times\left(\begin{array}{l}\text{発行の日から供託}\\\text{の日までの年数}\end{array}+4\right)+\text{発行価額}\right\}\times\left\{\begin{array}{l}1.0\ \text{（国債）}\\0.9\ \text{（地方債・政府保証債）}\\0.8\ \text{（その他の債券）}\end{array}\right\}$$

❷営業開始の要件

POINT
届出前に事業を開始すれば，監督処分として業務の停止処分を受ける

宅建業者が，営業保証金を供託したときは，その供託物受入れの記載のある供託書の写しを添付して，その旨を免許を受けた**国土交通大臣または都道府県知事に届け出**なければならず（25条4項），この届出をした後でなければ，**その事業を開始**することができない（同条5項）。

免許を受けた後，新たにその他の事務所を設置したときは，新事務所について営業保証金を供託した旨を免許権者に届け出た後でなければ，その**事務所で営業を開始**することができない（26条2項）。

なお，弁済業務保証金分担金を納付して宅地建物取引業保証協会の社員となった宅建業者は，保証協会がその社員にかかる弁済業務保証金を供託した旨を免許権者に届け出た後でなければ，営業を開始することができない（64条の9，64条の7）。

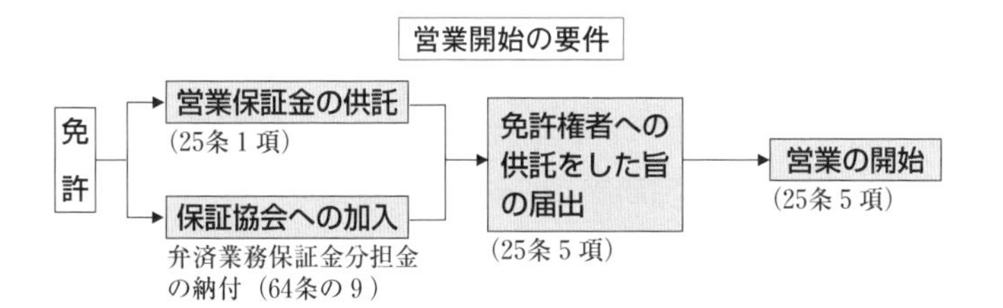

❸営業保証金を供託しない者に対する措置

国土交通大臣または都道府県知事は，その免許をした宅建業者が3月以内に**営業保証金を供託した旨の届出**をしないときは，その届出をすべき旨の催告をしなければならない（25条6項）。

また，国土交通大臣または都道府県知事は，上記の催告が到達した日から1月以内に宅建業者が供託をした旨の届出をしないときは，**その免許を取り消すことができる**（同条7項）。

❹営業保証金の保管替え等

POINT
営業保証金の保管替えは，金銭のみで供託している場合にすることができる

宅建業者が何らかの理由により，主たる事務所を移転したため，その最寄りの供託所が変更した場合において，①金銭のみ**をもって保証金を供託**しているときは，遅滞なく，費用を納めて，保証金を供託している供託所に対して，移転後の主たる事務所の最寄りの供託所へ保証金の保管替え**を請求し**，②**その他のときは**，遅滞なく，保証金を移転後の主たる事務所の最寄りの供託所に**新たに供託**しなければならない（29条）。

❺営業保証金の変換の届出

宅建業者は，**営業保証金の変換**（現金を有価証券に差し替えた場合など）のため新たに供託したときは，遅滞なく，その旨を，供託書正本の写しを添付して，その免許を受けている国土交通大臣または都道府県知事に届け出るものとする（則15条の4の2）。

2 営業保証金の還付等

令R2・R4・R5

❶営業保証金の還付

POINT
還付請求権者は，宅建業者と宅建業に関し取引をした者である

営業保証金の還付とは，**宅建業者と宅建業に関し取引をした者**（宅建業者を除く）が，その取引によって生じた債権について，宅建業者の供託した営業保証金から弁済を受けることをいう（27条）。ここでいう「**その取引により生じた債権**」とは，宅

建業者の債務不履行（取引物件の不払代金等）または不法行為（詐欺，横領等による損害金など）により生じた債権をいう。したがって，債務不履行や不法行為によらない場合の債権，たとえば，支払期日未到来の宅地売渡代金請求権のようなものは含まれない。

土地を購入するために融資した資金や広告料については，還付を受けられない。また，還付請求できる金額は，相手の宅建業者が供託した金額までである。

POINT
営業保証金の還付を受けようとする者は国土交通大臣に対し取引をした者がその取引の時において宅建業者に該当しないことを確認する書面の交付を申請しなければならない（宅地建物取引業者営業保証金規則１条）

❷営業保証金の不足額の供託

宅建業者が供託した営業保証金について，還付請求権者によって還付されたため保証金の額が政令で定める所定の額に不足することとなったときは，ただちにこれを補てんしなければならない。すなわち，営業保証金が還付されたときは，免許権者である国土交通大臣または都道府県知事は，当該宅建業者に対して，不足額を供託すべき旨の通知をしなければならず，通知を受けた宅建業者は，その通知書の送付を受けた日から2週間以内にその不足額を供託しなければならない（28条1項，宅地建物取引業者営業保証金規則4条，5条）。また，営業保証金を供託したときは，その旨を2週間以内に，免許権者である国土交通大臣または都道府県知事に届け出なければならない（28条2項）。

3 営業保証金の取戻し

⊕R1・R2・R4・R5

❶営業保証金の取戻し事由

営業保証金の取戻しとは，供託者である宅建業者が供託所からその営業保証金の払戻しを受けることをいう。

営業保証金の取戻しのできる場合は，次のとおりである（30条1項）。

① 免許の有効期間が満了したとき。

② 宅建業者の破産，法人の解散または宅建業の廃止によって免許が効力を失ったとき。

③ 宅建業者の死亡または法人が合併により消滅したとき。

④ 法25条７項，66条もしくは67条１項の規定により免許が取り消されたとき。

⑤ 宅建業者が一部の事務所を廃止したため，営業保証金が規定の額を超えることとなったとき。

⑥ 金銭および有価証券または有価証券のみをもって供託している場合において，主たる事務所を移転し，もよりの供託所が変更になったため，移転後の主たる事務所のもよりの供託所に営業保証金を供託したとき。

以上のうち，①から④までの場合にあっては，宅建業者であった者またはその承継人が取り戻すことができ，⑤および⑥の場合には，現在の宅建業者が取戻し請求権を有する。

POINT

営業保証金の取戻しができる者は，宅建業者であった者またはその承継人と，現在の宅建業者である

営業保証金のしくみ

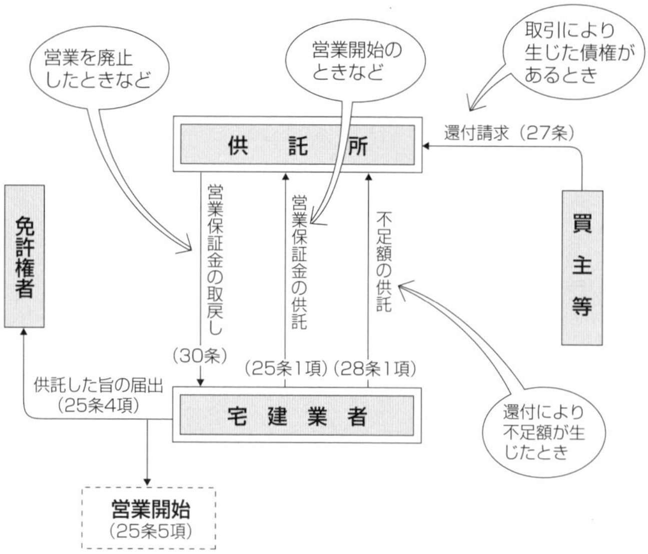

営業を廃止したときなど
営業開始のときなど
取引により生じた債権があるとき
供託所
還付請求（27条）
免許権者
営業保証金の取戻し（30条）
営業保証金の供託（25条1項）
不足額の供託（28条1項）
買主等
供託した旨の届出（25条4項）
宅建業者
還付により不足額が生じたとき
営業開始（25条5項）

❷営業保証金の取戻しの方法

営業保証金の取戻しは，営業保証金を取り戻すことのできる事由が発生したときから**10年を経過した場合を除き**，還付請求権者に対し，**６月を下らない一定の期間内**に権利を主張すべき旨を公告し，その期間内にその申出がなかった場合に，その取戻しをすることができる（30条２項）。ただし，主たる事務所の移転に伴い営業保証金を供託した場合において，従前の営業保証金を取り戻す場合には，上記の公告は必要としない。

なお，営業保証金は，さきに述べたとおり宅建業者と宅建業に関し取引した者（宅建業者を除く）が，その取引によって生じた債権について，弁済を受ける権利をもっているので，仮に宅建業者が不正な行為をしたため免許の取消しを受けても，それだけの理由で営業保証金が没収されることはない。

POINT

公告した一定の期間内に還付請求権者から申出がなかった場合に，その取戻しをすることができる

□Challenge

宅地建物取引業者Ａが支店を廃止したため，営業保証金の額が政令で定める額を超えることとなったときは，Ａは，その超過額について，還付請求権者に対し所定の期間内に申し出るべき旨の公告をし，その期間内に申出がないとき，当該超過額を取り戻すことができる。

（○）

4 業　　務

1 業務処理の原則等

POINT
宅建業の専門家としての高度の注意義務を前提とした規定である

宅地建物の取引関係は，取引の当事者相互の関係であり，取引業者はもちろんのこと，当事者も権利の行使と義務の履行は，信義に従い誠実になすべきである。そこで法31条１項は，「宅建業者は，取引の関係者に対し，**信義**を旨とし，**誠実**にその業務を行わなければならない」と規定している。この規定は，民法１条２項の信義誠実の原則と同趣旨のものである。

ただ，この規定は，法律上は訓示的なものであるから，これに違反しても刑罰を科せられることはない。しかし，宅建業者の行為が，取引の関係者に損害を与えるおそれや，取引の公正を害するおそれが大である場合には，国土交通大臣または都道府県知事の指示を受けたり，また，宅建業に関して不正または著しく不当な行為をしたものと認められた場合には，業務の停止または免許の取消し処分を受けることになる。

また，宅建業者は，従業者に対し，その業務を適正に実施させるため，必要な教育を行うよう努めなければならない（31条の２）。

□**Challenge**
「宅地建物取引業者は，その従業者に対し，その業務を適正に実施させるため，必要な教育を行うよう努めなければならない」との規定があり，「宅地建物取引士は，宅地又は建物の取引に係る事務に必要な知識及び能力の維持向上に努めなければならない」との規定がある。

（○）

2 宅地建物取引士の設置義務

令R1・R2・R3・R4

❶専任の宅地建物取引士の数

POINT
事務所または案内所等に一定数以上の成年者である専任の宅地建物取引士を置かなければならない

宅建業者は，その**事務所その他案内所等**（事務所等）ごとに，事務所等の規模，業務内容等を考慮して，国土交通省令で定める一定数以上の成年者である**専任の宅地建物取引士**を置かなければならない（31条の３第１項）。

専任の宅地建物取引士（以下「宅建士」という）は，成年者

専任の宅地建物取引士の設置数

設置場所	設　置　数
事　務　所	事務所ごとに，その業務に従事する者５人に１人以上の割合で設置
契約行為等を行う案内所等	少なくとも１人以上を設置

でなければならない。したがって，未成年者は，宅建士になれる場合であっても，原則として専任の宅建士となることはできない。

専任の宅建士は，**事務所**については，少なくとも**業務に従事する者５名につき１名以上の割合**とし，**契約を締結し，または契約の申込みを受ける案内所等**については，少なくとも**１名以上**の設置が義務づけられている（則15条の５の３）。

ここでいう人数の算定の基礎となる**「業務に従事する者」**とは，直接営業に従事する者のみならず，宅建業にかかる一般管理部門に所属する者や，補助的な事務に従事する者も含まれる。ただし，単に一時的に事務の補助をする者は含まれない。

宅建業者（**法人**の場合には，その**役員**）**が宅建士**であるときは，その者が自ら主として業務に従事する事務所等については，その者は，**「その事務所等に置かれる成年者である専任の宅建士」**とみなされる（31条の３第２項）。したがって，宅建業者が宅建士であるときは，その者が主としてある事務所等において業務に従事していれば，その事務所等に置かれている専任の宅建士の数のうちに，その者の数を算入することができる。

宅建業者は，法31条の３第１項に規定する専任の宅建士の設置義務に違反するような事務所等を新設してはならない。また，既存の事務所等について専任の宅建士の数が不足した場合には，２週間以内に，新たに専任の宅建士を選任しなければならない（同条３項）。

POINT
未成年者であっても，法人の宅建業者の役員であったり，自らが宅建業を営んでいる場合には，専任の宅建士になることができる

POINT
監査役は，業務執行役員，使用人を兼任することはできず，専任の宅建士になることはできない

□**Challenge**
宅地建物取引業に係る営業に関し成年者と同一の行為能力を有する未成年者である宅地建物取引士Ｂは，宅地建物取引業者である法人Ａの役員であっても，専任の宅地建物取引士となることができない。

（×）

❷案内所等の範囲

専任の宅建士の設置が義務づけられる**案内所等の範囲**は，次に掲げるもので，宅地建物の売買，交換の契約（予約を含む）および宅地建物の売買，交換もしくは貸借の代理，媒介の**契約を締結し**，またはこれらの**契約の申込みを受ける**ものとしている（則15条の５の２）。

① 継続的に業務を行うことができる施設を有する場所で事務所以外のもの
② 宅建業者が一団の宅地建物（10区画以上の一団の宅地または10戸以上の一団の建物）の分譲を行う場合に設置した案内所
③ 他の宅建業者が行う一団の宅地建物の分譲の代理または媒介を行う場合に設置した案内所
④ 宅建業者が業務に関し展示会その他これに類する催しを実施する場所

POINT
契約行為等を行わない案内所には，専任の宅建士を置く必要はない

POINT
複数の宅建業者が設置する案内所については，いずれかの業者が専任の宅建士を１人置けばよい

3 誇大広告等の禁止

R2・R3・R4・R5

宅地建物の購入者等が，宅地建物の売買，貸借等の取引をしようとする場合には，まず，宅建業者が行う広告によって適当な物件を探すことが多いであろう。ところが，取引業者のなかに，その取り扱う物件について，虚偽または誇大な広告を行って顧客を誘引し，これがきっかけとなって，需要者に不測の損害を与えている事例が見受けられる。

そこで，このような誇大広告などに誘引されて，需要者に不測の損害を与えることのないよう，宅建業者がその業務に関して広告するときは，当該広告にかかる宅地建物について，①所在，②規模，③形質，④現在または将来の利用の制限，環境または交通その他の利便，⑤代金，借賃等の対価の額またはその支払方法，⑥代金または交換差金に関する金銭の貸借のあっせんの６項目について，**著しく事実に相違する表示**をし，または**実際のものよりも著しく優良であり，もしくは有利であると人**

POINT
誇大広告等の基準としては，①著しく事実に相違する表示，②実際のものよりも著しく優良または有利であると人を誤認させる表示，の２つが規定されている

を**誤認させるような表示**をしてはならない（32条）。上記の6項目のうち，①から④までは**取引の対象となる物件**に関する事項，あるいはそれに関連する事項であり，⑤と⑥は**取引条件**あるいは**取引の内容**であって，法文上は大きく2つのグループに区別している。

この著しく事実に相違する表示と，実際のものよりも著しく優良または有利であると人を誤認させるような表示の**違法性，不当性の判断基準**は，いずれも**一般の需要者の常識的な判断**によらなければならない。したがって，需要者を誤認させる方法には限定がなく，表現全体から誤認されるようなものであれば足りる。また，積極的に表現したことによって誤認される場合だけでなく，消極的に表現しないことによって誤認される場合も含まれる，と解される。

本条による規制は，宅建業者の行う宅地建物の広告について，「取引の公正確保」を目的として行うもので，規制の対象となる場合は，「**業務に関して広告するとき**」である。また，ここでいう「**広告**」とは，広く一般の人に知らせること，不特定または多数人に対しある事柄を告知することであり，その方法は問わないから，新聞，雑誌，テレビやインターネットによるもの，野立看板，新聞の折り込みチラシなど，その方法はどのようなものでも本条の規制の対象となる。

なお，本条に違反した場合には，1年以内の期間を定めて，業務の全部または一部の停止を命ぜられ，または情状が特に重いときは，免許の取消しが行われる。また，6月以下の懲役もしくは100万円以下の罰金が処せられ，またはこれを併科されることがある（81条）。

□**Challenge**
将来の環境や利用の制限に関する表示が，実際のものよりも著しく優良若しくは有利であると人を誤認させるようなものであれば，実際にその表示の誤認により損害を受けた人がいなくても誇大広告として宅地建物取引業法違反となる。

4 広告の開始時期の制限

⊕R1・R2・R3・R4・R5

(○)

宅建業者は，宅地の造成または建物の建築に関する工事の完了前においては，当該工事に関し必要とされる都市計画法による開発許可，建築基準法による建築確認，その他法令に基づく許可等の処分で施行令２条の５で定めるものがあった後でなければ，当該工事にかかる宅地または建物の**売買その他の業務に関する広告**をすることができない（33条）。

この制限は，宅地の造成または建物の建築に関する工事の完了前であるいわゆる「青田」の段階で，「**売買その他の業務に関する広告**」を規制したものである。すなわち，未完成の造成宅地や建物について，宅建業者自ら売買・交換をする旨の広告をしてはならないし，また宅建業者が代理・媒介をすることにより，売買・交換・貸借を行う旨の広告もしてはならない。

広告を開始することができる時期は，開発許可，建築確認その他政令で定める一連の許可等の処分があったとき以後であるが，これは，行政庁による開発許可や建築確認があれば，一応事業の実施のための計画が容認されたことになるので，将来，少なくとも，公法上の制限によって設計が変更されることはないと考えられるから，これによって「青田売り」の弊害である販売後の設計変更，建築確認が得られないための履行不能などが防止されることになる。

なお，この広告開始時期の制限に違反した場合には，監督処分として，指示を受けることがある。

POINT
いわゆる青田の段階で，売買その他の業務に関する広告を規制したものである

POINT
施行令２条の５では各法律に基づく許可等の処分について細部にわたって規定している

□**Challenge**
建築に関する工事の完了前において，建築基準法第６条第１項の確認を受ける必要のある建物について，その確認の申請後，確認を受ける前に，当該確認を受けることができるのは確実である旨表示して，当該建物の分譲の広告をしても，宅地建物取引業法違反とはならない。

（×）

5 自己の所有に属しない宅地等の売買契約締結の制限

⊕R1・R3

一般の人々が，他人の所有する宅地建物を売買の対象とすることは，民法上は可能である。この場合，売主はその所有権を他人から取得して買主に移転する義務を負い（民法560条），所有権の取得ができない場合には一定の担保責任を負うことになる（同法561条）。しかし，悪質な宅建業者が他人の所有する宅地建物をあたかも自己の所有に属するかのように偽って一般消

POINT
この制限の対象となるのは，他人に所有権が帰属している場合のほか，未完成物件も含まれる

費者に売却したような場合には，買主は所有権の取得ができず，売買契約を解除しても，すでに支払った手付金を回収できないなど，買主が不測の損害をこうむるおそれがある。

そこで，これらの事態に対処するため，宅建業者は，自己の所有に属しない宅地建物について，**自ら売主となる売買契約（予約を含む）を締結してはならない**ものとした。ただし，次に掲げる事項のいずれかに該当する場合には，適用除外とされている（33条の２）。

① **物件を取得できることが明らかな場合**，次の２つについて適用除外としている（同条１号）。

⑴ 宅建業者が当該宅地建物を取得する**契約**（**予約**を含み，その効力の発生が条件にかかるものを除く）を締結しているとき。

たとえば，Ａ所有の物件について宅建業者Ｂがその所有権を取得する契約をＡと締結しているような場合には，宅建業者Ｂはその物件を一般消費者Ｃに売却する契約を締結してもよいとするものである。このような場合には，Ａは当該物件の所有権をＢに移転することを法的に拘束されているので，結果的にＣも所有権を取得することが見込めるからである。

「**宅地建物を取得する契約**」には，「予約を含み，その効力の発生が条件にかかるものを除く」としているが，「予約」を含めたのは，予約も契約の一種であって，法的拘束力があるからである。これに対して，「**効力の発生が条件にかかる契約**」（停止条件付き売買契約）については，条件が成就するかどうかが全く不確実であるため，適用除外としたものである。

⑵ 宅建業者が当該宅地建物を取得できることが明らかな場合で，国土交通省令・内閣府令で定めるとき。

施行規則15条の６では，宅建業者が，都市計画法に基

POINT
宅建業者と所有者間の契約が売買予約であれば本条違反とはならない。ただし，この両者間の契約が停止条件付売買契約の場合は，本条違反となる

づく宅地開発の許可を受ける際に，従前の道路等に相当する公共施設を新設することが義務づけられており，それら新たに設けられる公共施設の所有権が国または地方公共団体に引き継がれることが確実であるときは，開発区域内にある国または地方公共団体の所有する従前の公共施設の敷地は，払下げの許可を受けていない場合でも他人に売却することができる，とされている。

② 宅建業者自ら売主となる宅地建物の売買が，当該宅地の造成または建築に関する**工事の完了前**である場合で，**手付金等の保全措置**（41条）が講じられているときは，適用除外としている（33条の2第2号）。

なお，法33条の2の規定に違反した場合には，1年以内の期間を定めて，業務の全部または一部の停止を命ぜられ，また情状が特に重いときは，免許の取消しが行われる。

本条の規定は，宅建業者間の取引の際には適用されない。

□**Challenge**
宅地建物取引業者は，自己の所有に属しない建物につきその所有権を取得する契約を締結していれば，その契約が停止条件付きであっても，自ら売主として宅地建物取引業者でない他の者に売り渡す契約を締結することができる。

（×）

自己の所有に属しない宅地建物の売買契約締結の制限の例外

① 物件を**取得**できることが明らかなとき
 ⑴ 宅地建物を取得する契約を締結しているとき
  （予約を含む。契約の効力の発生が条件にかかるものは除く）
 ⑵ 宅地建物を取得できることが明らかな場合で，国土交通省令（則15条の6）に定めるとき

② **工事完了前の物件**の売買で，手付金等の保全措置を必要とされる売買に該当する場合，法41条の**手付金等保全措置**が講じられているとき

6 取引態様の明示

⊕R1・R2・R3・R4・R5

宅建業者が顧客から注文を受けた場合，これに対応する宅建業者の方法は，次の**3つの取引態様**となる。

① **宅建業者本人**がその**相手方**となって，売買，交換の契約を成立させる場合（この場合は，契約の権限は宅建業者が

本人としてこれを有するので，報酬は不要である）

② **宅建業者が代理人**として，業者の名で本人に代わって意思表示をし，または相手方から意思表示を受け取ることにより，売買，交換または貸借の契約を成立させる場合（この場合は，契約の権限は宅建業者が代理人としてこれを有するので，代理を依頼した者は報酬を払う必要がある）

③ 媒介，すなわち**宅建業者**が**当事者の依頼**により当事者双方の間に立って，売買，交換または貸借を成立させることに尽力する場合（この場合は，単なる仲介，あっ旋であるから宅建業者は契約締結の権限は有しないが，報酬を請求することができる）

ところが，宅建業者の中には，顧客から宅地建物の売却の媒介を依頼されたにもかかわらず，買主を見つけると，買主に手付金を請求し，その手付金を利用して業者自身が買主になりすまし，結局は売買差額ばかりでなく報酬までも両者に請求する「買取り仲介」なる方法が横行した。

そこで，このような事態を防止するため，宅建業者は，**宅地建物の売買，交換または貸借に関する**広告をするときは，自己が契約の当事者となって当該売買もしくは交換を成立させるか，代理または媒介して当該売買，交換もしくは貸借を成立させるかの別（取引態様の別）を明示しなければならないこととされた（34条1項）。

また，宅建業者は，**宅地建物の売買，交換または貸借に関する**注文を受けたときは，遅滞なく，その注文をした者に対し，取引態様の別を明らかにしなければならない（同条2項）。

なお，一度明示した取引態様を取引の過程で変更する必要が生じた場合には，あらためて明示しなければならない。

本条に違反した者に対しては，監督処分として，1年以内の期間を定めて，業務の全部または一部の停止を命ずることができ，また情状が特に重いときは，免許の取消しが行われる。

POINT

取引態様の明示は，口頭または文書のいずれでもよい。また，宅建士の職務とはなっていない

□**Challenge**

宅地建物取引業者は，取引態様の別を明示した広告を出した場合，その広告を見た者から建物の売買に関する注文を受けたときは，注文を受けた際に改めて取引態様の別を明示する必要はない。

（×）

7 媒介契約等の規制

宅建業者は，**宅地建物の売買または交換の媒介の契約**（媒介契約，つまり，宅地建物などの所有者が売買を宅建業者に依頼する契約）を締結したときは，遅滞なく，**次に掲げる事項を記載した書面**を作成して記名押印し，依頼者にこれを交付しなければならない（34条の２第１項）。

① 宅地の所在，地番または建物の所在，種類，構造など当該宅地または建物を特定するために必要な表示

② 宅地建物を売買すべき価額またはその評価額

③ 宅地建物について，依頼者が他の宅建業者に重ねて売買または交換の媒介または代理を依頼することの許否およびこれを許す場合の他の宅建業者を明示する義務の存否に関する事項（専属専任媒介契約，専任媒介契約，一般媒介契約・明示型，一般媒介契約・非明示型のいずれであるかの区別を記載すること）

④ 当該建物が**既存建物**であるときは，住宅の基礎，壁，柱等建物の構造耐力上主要な部分または屋根，外壁等雨水の浸入を防止する部分の状況に関する**建物状況調査**を実施する建築士等のあっせんに関する事項

⑤ 媒介契約の有効期間および解除に関する事項

⑥ 指定流通機構への登録に関する事項

⑦ 報酬に関する事項

⑧ その他国土交通省令・内閣府令で定める事項（則15条の９）

(1) 専任媒介契約にあっては，依頼者が他の宅建業者の媒介または代理によって売買または交換の契約を成立させたときの措置……専任媒介契約を依頼した者は，他の宅建業者に重ねて媒介等の依頼をすることはできない。ところが，依頼者が専任義務に違反して他の者と成約に至

⊕R2・R3・R4・R5

POINT
宅地建物の貸借の媒介に関する契約は対象とならない

POINT
媒介契約には，次の類型がある
①専任媒介契約
②専属専任媒介契約
③明示義務のある一般媒介契約
④明示義務のない一般媒介契約

POINT
建物状況調査を実施する建築士等とは，国土交通大臣が定める講習を修了した建築士をいう

□**Challenge**
既存住宅の売却の媒介依頼を受けた宅地建物取引業者は，本件契約が成立するまでの間に，他の業者に媒介を依頼した購入希望者に対し，建物状況調査を実施する者のあっせんの有無について確認しなければならない。

（×）

ったときは，違約金を支払うのが通常である。そこで，書面には，依頼者が専任義務に違反して成約したときの措置について記載しなければならないとしたものである。

(2)　専属専任媒介契約にあっては，依頼者が売買または交換の媒介を依頼した宅建業者が探索した相手方以外の者と売買または交換の契約を締結したときの措置……これも上記(1)と同様の趣旨により，専属専任媒介契約を依頼した者が，依頼した宅建業者を介さずに，直接，売買契約等の相手方と契約を締結したときの措置について，書面に記載しなければならないとしたものである。

(3)　依頼者が他の宅建業者に重ねて売買または交換の媒介または代理を依頼することを許し，かつ，他の宅建業者を明示する義務がある媒介契約（一般媒介契約・明示型）にあっては，依頼者が明示していない他の宅建業者の媒介または代理によって，売買または交換の契約を成立させたときの措置……これも上記(1)と同様の趣旨により，明示型の一般媒介契約を依頼した者が，明示義務に違反して成約したときの措置について，書面に記載しなければならないとしたものである。

(4)　当該媒介契約が，国土交通大臣が定める標準媒介契約約款に基づくものであるか否かの別

なお，宅建業者は，依頼者の承諾を得て，依頼者への書面の交付に代えて，当該書面に記載すべき事項を**電磁的方法**により提供することができる（同条11項）。

❶査定価額の根拠の明示

書面に記載すべき前記②の物件の「売買すべき価額」または「評価額」は，媒介契約の主要な内容をなすものである。したがって，その価額の決定が重要な作業となるが，通常は，**依頼者の希望価額**，**宅建業者の査定価額**を調整して売り出し価額を決定することになる。

依頼者に交付すべき書面に記載する価額は，この売り出し価額である。この場合，媒介を行う宅建業者が物件価額の査定や値づけなどを行うときは，その根拠を明示しなければならない(34条の2第2項)。「**根拠**」としては，査定した価額について合理的な説明がつくものであれば何でもよいが，通常は，近傍類似の取引事例における取引価額などである。

❷専任媒介契約の規制

依頼者が他の宅建業者に重ねて売買または交換の媒介または代理を依頼することを禁ずる**専任媒介契約の有効期間**は，3月を超えることができない。もし，これより長い期間の特約をしたときは，その期間は，3月に短縮される(34条の2第3項)。

これに対して，3月を超えない有効期間（たとえば1月）の特約がなされたときは，その特約は有効である。

上記の有効期間は，「**依頼者の申出**」により何度でも更新することができるが，1回の更新にかかる期間は**更新の時から**3月を超えることができない（同条4項)。

宅建業者は，**専任媒介契約**を締結したときは，契約の相手方を探索するため，専任媒介契約の締結の日から7日以内（休業日を除く）に，目的物である**宅地建物**につき，所在，規模，形質，売買すべき価額その他国土交通省令で定める事項を，**国土交通大臣が指定する者（指定流通機構）**に登録しなければならない（同条5項，則15条の10)。

指定流通機構は，不動産物件の流通を円滑にするため，数多くの宅建業者が加盟する情報ネットワークである。これに加盟している宅建業者と専任媒介契約や専属専任媒介契約を締結すると，その情報が指定流通機構に登録され，ネットワークを通じて広く取引の相手方を求めることができる。

指定流通機構である全国4地域の不動産流通機構が運営する不動産物件情報交換のためのコンピュータ・ネットワーク・システムは，レインズ（Real Estate Information Network Sys-

□**Challenge**
宅地建物取引業者AとBとの間で，宅地売買の専任媒介契約を締結した。この場合，媒介契約に関する書面には，Bが他の宅地建物取引業者の媒介又は代理によって売買又は交換の契約を成立させたときの措置を記載しなければならない。

（○）

POINT
有効期間は，3か月を限度として，依頼者と宅建業者の契約によって定めることになる

POINT
登録があったときは指定流通機構は，業者に対し登録を証する書面を発行する

tem；REINS）と呼ばれ，全国の不動産業者からの物件情報がネットワークで結ばれている。

なお，国土交通省令で定める登録事項は，次に掲げるものとされている（則15条の11）。

① 当該宅地建物にかかる都市計画法その他の法令に基づく制限で主要なもの

② 当該専任媒介契約が宅地建物の交換の契約にかかるものである場合にあっては，当該宅地建物の評価額

③ 当該専任媒介契約が専属専任媒介契約である場合にあっては，その旨

登録義務の確実な履行の確保を図るため，登録した宅建業者は，依頼者に対し，指定流通機構が発行した登録を証する書面を遅滞なく引き渡さなければならない（34条の２第６項）。登録を証する書面には，①登録番号，②登録年月日，③法34条の２第５項の規定により登録された事項等が記載されている。

なお，宅建業者は，依頼者の承諾を得て，登録を証する書面の引渡しに代えて，当該書面において証されるべき事項を**電磁的方法**により提供することができる（同条12項）。

宅建業者は，当該登録にかかる物件につき売買または交換の契約が成立したときは，遅滞なく，登録番号，取引価格，売買（交換）契約の成立年月日を，当該登録にかかる指定流通機構に通知しなければならない（同条第７項，則15条の13）。

媒介契約を締結した宅建業者は，当該媒介契約の目的物である宅地建物の売買または交換の申込みがあったときは，遅滞なく，その旨を依頼者に**報告**しなければならない（同条８項）。

専任媒介契約を締結した宅建業者は，依頼者に対し，当該専任媒介契約にかかる業務の処理状況を２週間に１回以上報告しなければならない（同条９項）。

報告の方法としては特に規定はなく，口頭報告でもよいが，国土交通大臣の定めた標準媒介契約約款を使用したときは文書

□**Challenge**
宅地建物取引業者Ａが，Ｂ所有の宅地の売買の媒介の依頼を受け，Ｂと専任媒介契約を締結した。この場合，「当該Ｂ所有の宅地について売買すべき価額は指定流通機構への登録事項とはしない」旨の特約をしたときは，その特約は無効である。

（○）

により報告をすることとしている。

なお，法34条の2第3項から第6項までおよび第8項・第9項の規定に反する特約は，無効である（同条10項）。

❸専属専任媒介契約の規制

専属専任媒介契約とは，依頼者が宅建業者が探索した相手方以外の者と売買または交換の契約を締結することができない旨の特約をつけた契約をいう（同条9項かっこ書）。この契約は，専任媒介契約の一類型であるが，宅建業者に契約の相手方を探索する権限が専属することになるので，他の媒介契約に比べて宅建業者は有利な地位に立つことになる。

また，売買・交換の媒介の依頼の目的である宅地建物を，国土交通大臣が指定する者（指定流通機構）に専属専任媒介契約の締結の日から**5日以内**（休業日を除く）に登録しなければならない（34条の2第5項，則15条の10）。

専属専任媒介契約を締結した宅建業者は，依頼者に対し，当該専属専任媒介契約にかかる業務の処理状況を**1週間に1回以上**報告しなければならない（34条の2第9項）。

□**Challenge**
宅地建物取引業者は専任媒介契約を締結したときは，媒介の依頼の目的である宅地又は建物を，国土交通大臣が指定する者に当該契約の締結の日から5日以内に登録しなければならない。
（×）

❹標準媒介契約約款

不動産の売買または交換の媒介行為に関し，契約の内容を明確にして，一般消費者の保護を図る見地から，国土交通省が定めた標準媒介契約約款（平成2年建設省告示第115号）を作成することとし，通常の取引の媒介契約においては，これを使用するよう指導している。

● **一般媒介契約約款型式**

① 依頼者は，目的物件の売買または交換の媒介または代理を，他の宅建業者に重ねて依頼することができる。

② 依頼者は，自ら発見した相手方と売買または交換の契約を締結することができる。

③ 依頼者は，重ねて依頼する宅建業者を明示する義務を負う。ただし，重ねて依頼する宅建業者を明示しない契約と

する場合には，その旨を特約するものとしている。

● **専任媒介契約約款型式**

① 依頼者は，目的物件の売買または交換の媒介または代理を，他の宅建業者に重ねて依頼することができない。

② 依頼者は，自ら発見した相手方と売買または交換の契約を締結することができる。

③ 契約の有効期間は，3か月を超えない範囲で定める。

④ 宅建業者は，依頼者に対し文書により**2週間に1回以上**業務の処理状況を報告する。

⑤ 宅建業者は，広く契約の相手方を探索するため，目的物件を指定流通機構に媒介契約締結の日から**7日以内**（休業日は除く）に登録するとともに，契約の成立に向けて積極的に努力する。

● **専属専任媒介契約約款型式**

① 依頼者は，目的物件の売買または交換の媒介または代理を，他の宅建業者に重ねて依頼することができない。

② 依頼者は，自ら発見した相手方と売買または交換の契約**を締結することができない**。

③ 契約の有効期間は，3か月を超えない範囲で定める。

④ 宅建業者は，依頼者に対し文書により**1週間に1回以上**業務の処理状況を報告する。

⑤ 宅建業者は，広く契約の相手方を探索するため，目的物件を指定流通機構に媒介契約締結の日から**5日以内**（休業日は除く）に登録するとともに，契約の成立に向けて積極的に努力する。

❺違反行為に対する措置

媒介契約に関する規定のうち，書面への記載事項に関する規定，査定価額の根拠の明示に関する規定に違反した者に対しては，監督処分として，1年以内の期間を定めて，業務の全部または一部の停止を命ずることができ，または情状がとくに重い

□**Challenge**
宅地建物取引業者Aと宅地の所有者Bとの間で一般媒介契約を締結した。この場合，Aは，契約の相手方を探索するため，当該宅地について指定流通機構に登録することができる。

（○）

ときは免許の取消しが行われる。

また，専任媒介契約の業務処理状況の報告義務の規定に違反して報告を怠ったときなどは，債務不履行として契約の解除事由となる。

❻代理契約への準用

媒介契約について，売買等の媒介の依頼にかかる契約関係の明確化等必要な法規制を行っているので，宅建業者に宅地建物の売買または交換の代理を依頼する契約（代理契約）についても，媒介契約の規定を準用している（34条の３）。

なお，媒介と代理とは法的形式は異なっているが，いずれも**物件の売買契約等の成立を援助する行為**で，社会的，経済的にも，その機能はきわめて類似している。そこで，媒介契約についてのみ法規制を強化すると，代理契約に逃げ込むことも考えられるので，これを防止したものである。

媒介契約のまとめ

<table>
<tr><th rowspan="2">類　型</th><th rowspan="2">契約のしくみ</th><th rowspan="2">有効期間</th><th colspan="2">宅建業者の義務</th></tr>
<tr><th>探　索　義　務</th><th>処理状況の報告義務</th></tr>
<tr><td>一般媒介契　　約</td><td>①他の業者にも媒介等の依頼ができる
②媒介等を他の業者に依頼した場合，その業者を明示するものと，明示しないものがある
③自己発見取引が可能である</td><td>規定なし</td><td>一般的な探索義務を負う</td><td>規定なし</td></tr>
<tr><td>専任媒介契　　約</td><td>①他の業者に重ねて媒介等の依頼ができない
②自己発見取引が可能である</td><td>３か月以内</td><td rowspan="2">①指定流通機構への物件登録義務を負う
②売買契約の成立にむけて積極的に努力する</td><td>２週間に１回以上の報告義務を負う</td></tr>
<tr><td>専属専任媒介契約</td><td>①他の業者に重ねて媒介等の依頼ができない
②自己発見取引は認められない</td><td>３か月以内</td><td>１週間に１回以上の報告義務を負う</td></tr>
</table>

8 重要事項の説明

⊕R1・R2・R3・R4・R5

❶宅地建物取引士による説明

宅建業者は，宅地建物の売買，交換，貸借に関する契約が成立するまでの間に，宅地建物の取引に関し十分な知識を有する宅建士に，当該宅地建物に関する重要な事項を説明させて，取引の円滑化を図ろうとするものである（35条）。

① **説明者⇨**宅建士（専任の宅建士でなくてもよい）

② **説明方法⇨重要事項を記載した書面を交付して説明**（書面には**宅建士の記名**が必要）

③ **説明の時期⇨**契約の成立するまでの間（契約の成立前）

④ **宅建士証の提示⇨**宅建士は，関係者に宅建士証を提示してから重要事項の説明をすること（提示を怠ると10万円以下の過料に処せられる）

POINT
重要事項の説明は，宅建士であればよく，必ずしも専任の宅建士にさせる必要はない

なお，宅地建物の取得者または借主となる者が宅建業者である場合における重要事項の説明については，説明を要せず，重要事項を記載した**書面の交付のみ**で足りる（宅建士の記名は必要。同条６項，７項）。ただし，宅建業者が，自らを委託者とする宅地建物にかかる信託の受益権の売主となる場合，取引の相手方が宅建業者であっても，重要事項説明書を交付して説明をしなければならない。(35条３項・６項)。

宅建業者は，相手方等の承諾を得て，書面の交付に代えて，当該書面に記載すべき事項を**電磁的方法**により提供することができる（同条８項・９項）。

❷ITを活用した重要事項の説明

重要事項の説明にテレビ会議等のITを活用するにあたっては，次に掲げるすべての事項を満たしている場合に限り，対面による重要事項の説明と同様に取り扱われる（宅建業法の解釈・運用の考え方）。

① 宅建士および重要事項の説明を受けようとする者が，図

面等の書類および説明の内容について十分に理解できる程度に映像を**視認**でき，かつ，双方が発する音声を十分に聞き取ることができるとともに，**双方向**でやりとりできる環境において実施していること。

② 宅建士により記名された重要事項説明書および添付書類を，重要事項の説明を受けようとする者に**あらかじめ交付**（電磁的方法による提供を含む）していること。

③ 重要事項の説明を受けようとする者が，重要事項説明書および添付書類を確認しながら説明を受けることができる状態にあることならびに**映像および音声の状況**について，宅建士が重要事項の説明を開始する前に**確認**していること。

④ 宅建士が，宅建士証を提示し，重要事項の説明を受けようとする者が，当該**宅建士証を画面上で視認**できたことを確認していること。

ITによる重要事項説明（IT重説）の流れ

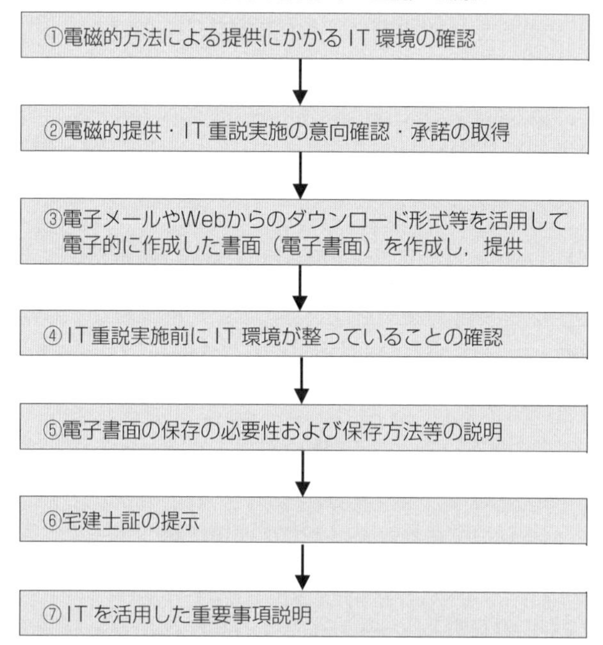

□**Challenge**
宅地建物取引士は，テレビ会議等のITを活用して重要事項の説明を行うときは，相手方の承諾があれば宅地建物取引士証の提示を省略することができる。

（×）

❸説明をしなければならない相手

購入した土地が市街化調整区域内にあるため住宅が建てられなくて困るのは買主であり，借りたマンションが雨漏りで住めなくて困るのは借主である。したがって，取引物件の本来の姿または制限等を知らなければならないのは買主または借主等であるので，宅建士が契約の成立するまでの間に重要事項の説明をしなければならないのは，買主または借主等である。

〔説明をしなければならない相手方〕

① **売買の場合**⇨買主になろうとする者

② **交換の場合**⇨取得しようとする者（両者）

③ **貸借の場合**⇨借主になろうとする者

したがって，宅建業者Aが，自分の所有する宅地の売却の媒介を宅建業者Bに依頼し，Bが買主をさがして契約を成立させた場合，重要事項の説明は，Aの宅建士とBの宅建士が行わなければならない。

また，宅建業者Aと宅建業者Bが，宅地建物の交換をする場合は，どちらの側も宅地建物を取得するのであるから，AはBに対して，BはAに対して，重要事項を記載した書面を交付しなければならない。

□**Challenge**
重要事項の説明は，売買契約が成立したら，当該契約の目的物の引渡しを行うまでの間に書面を交付して行わなければならない。
（×）

❹説明すべき事項（書面に記載する事項）

重要事項として，不動産の取得者等に説明をすることが義務づけられている最小限度の事項は次のとおりである。

● **取引対象物件に関する事項**（35条1項1号～6号の2）

① 当該宅地建物に登記された**権利**の種類および内容ならびに登記をした者の**氏名**等（法人の場合は，その名称）

② 都市計画法，建築基準法その他の**法令に基づく制限**で，契約内容の別（当該契約の目的物が宅地であるかまたは建物であるかの別および当該契約が売買もしくは交換の契約であるかまたは貸借の契約であるかの別）に応じて政令で定めるものに関する事項の概要

③　当該契約が建物の貸借の契約以外のものであるときは，**私道に関する負担**に関する事項

④　飲用水，電気，ガスの供給および排水施設の整備の状況（未整備の際は，完成の見通しおよび負担金に関する事項）

⑤　当該宅地建物が**未完成**（青田売り）の場合
　（図面を必要とする場合には，図面も添付すること）

(1)　完了時の**形状**，**構造**

(2)　宅地の場合には，造成工事の完了時における当該宅地に接する道路の**構造**，**幅員**

(3)　建物の場合には，建築工事の完了時における主要構造部，内装および外装の構造または仕上げならびに設備の設置および構造

⑥　区分建物（マンション等の専有部分）で，**建物の貸借の契約以外の契約**の場合は次に掲げる事項，**建物の貸借の契約**の場合は(3)および(8)に掲げる事項（則16条の２）

(1)　当該建物を所有するための１棟の建物の敷地の**権利**の種類および内容（所有権，借地権等の別）

(2)　**共用部分に関する規約**の定め（その案を含む。以下同）があるときは，その内容

(3)　**専有部分**の用途その他の利用の制限に関する規約の定めがあるときは，その内容（ペット，ピアノの禁止等）

(4)　建物または敷地の一部を特定の者に使用させる場合は，その定め（専用使用権の内容）の内容

(5)　建物の計画的な維持修繕のための費用，通常の管理費用その他の当該建物の所有者が負担しなければならない費用を特定の者にのみ**減免**する旨の定めがあるときは，その内容

(6)　建物の計画的な維持修繕のための**費用の積立て**を行う旨の定めがあるときは，その内容および積み立てられている額

POINT
法令に基づく制限は，施行令３条で各法律の細部にわたって規定している
①宅地建物の貸借以外の場合…同条１項に規定されている事項
②宅地の貸借の場合…①の制限のうち，土地の所有者に限って適用される制限を除くもの（２項）
③建物の貸借の場合…①の制限のうち，建物の賃借権の設定・移転に関する制限（３項）

□**Challenge**
宅地建物取引業者Aは，対象物件が建物の区分所有等に関する法律第２条第１項に規定する区分所有権の目的である場合，Aは，同条第４項に規定する共用部分に関する規約の定めがあるときは，その内容を説明する必要があるが，当該規約が未だ案であるときは，その内容を説明する必要はない。
（×）

(7) 所有者が負担しなければならない通常の管理費用の額

(8) 建物および敷地の管理が**委託**されているときは，委託を受けている者の**氏名**および**住所**（法人の場合は，商号または名称，主たる事務所の所在地）

(9) 建物の維持修繕の実施状況が記録されているときは，その内容

⑥－２　当該建物が**既存建物**の場合は，**建物状況調査**（実施後**１年**（鉄筋コンクリート造または鉄骨鉄筋コンクリート造の共同住宅等は２年）を経過していないものに限る）の実施の有無および実施している場合の結果の概要ならびに建物の建築および維持保全の状況に関する書類（確認済証，検査済証，建設住宅性能評価書等）の保存の状況

法改正
令和６年４月施行

□**Challenge**
既存住宅の売却の媒介依頼を受けた宅地建物取引業者Ａ及び当該住宅の購入の媒介依頼を受けた宅地建物取引業者Ｂは，本件契約が成立するまでの間に，購入希望者に対し，当該住宅について，設計図書，点検記録その他の建物の建築及び維持保全の状況に関する書類で国土交通省令で定めるものの保存の状況及びそれぞれの書類に記載されている内容について説明しなければならない。

●**取引条件に関する事項**（35条１項７号～13号，２項）

⑦ 代金，交換差金，借賃以外に授受される**金銭の額**およびその**目的**（手付金，権利金等）

⑧ **契約の解除**に関する事項

⑨ **損害賠償額の予定**または**違約金**に関する事項

⑩ 手付金等を受領しようとする場合は，その**保全措置**の概要

⑪ 支払金または預り金（権利金，敷金等）を受領しようとする場合においては，**保全措置**の有無およびその概要

ただし，次のものは除く（則16条の３）。

(1) 受領する金額が50万円未満のもの

(2) 手付金等の保全措置を講じている手付金等

(3) 売主または交換の当事者である業者が登記以後に受領するもの

(4) 報酬

⑫ ローンのあっせんの内容およびローンが不成立の場合の措置

割賦販売の場合にあっては，

（×）

⑴ 現金販売価格（現金で販売する場合の代金の総額）

⑵ 割賦販売価格（割賦で販売する場合の代金の総額）

⑶ 物件の引渡しまでに支払う金銭の額，賦払金（各回ごとの支払金）の額ならびにその支払時期・方法

割賦販売⇨代金の全部または一部について，目的物の引渡し後１年以上の期間にわたり，かつ，2回以上に分割して受領することを条件として販売することをいう

⑬ **担保責任の履行に関する措置**

当該宅地建物が種類または品質に関して契約の内容に適合しない場合におけるその不適合を担保すべき責任の履行に関し，次に掲げる措置を講ずるかどうか，およびその措置を講ずる場合におけるその措置の概要（則16条の４の２）

⑴ 担保責任の履行に関する保証保険契約または責任保険契約の締結

⑵ 担保責任の履行に関する保証保険または責任保険を付保することを委託する契約の締結

⑶ 担保責任の履行に関する債務について銀行等が連帯して保証することを委託する契約の締結

⑷ 特定住宅瑕疵担保責任の履行の確保等に関する法律に規定する住宅販売瑕疵(かし)担保保証金の供託

● **その他取引の相手方等の利益の保護に関する事項**

（35条１項14号，則16条の４の3）

⑭ 宅地の売買・交換の契約の場合

⑴ 当該宅地が宅地造成等規制法により指定された**造成宅地防災区域内**にあるときは，その旨

⑵ 当該宅地が土砂災害警戒区域等における土砂災害防止対策の推進に関する法律により指定された**土砂災害警戒区域内**にあるときは，その旨

⑶ 当該宅地が津波防災地域づくりに関する法律により指定された**津波災害警戒区域内**にあるときは，その旨

⑶－２ 当該宅地の位置が水防法の規定により市町村の長が提供する図面（**水害ハザードマップ**）に表示されてい

POINT

契約内容の別によって，説明すべき重要事項は異なる

□**Challenge**

宅地建物取引業者は，市町村が取引の対象となる宅地又は建物の位置を含む水害ハザードマップを作成している場合，重要事項説明書に水害ハザードマップを添付すれば足りる。

（×）

るときは，当該図面における当該宅地の所在地

⑮　建物の売買・交換の契約の場合

(1)　当該建物が**造成宅地防災区域内**にあるときは，その旨

(2)　当該建物が**土砂災害警戒区域内**にあるときは，その旨

(3)　当該建物が**津波災害警戒区域内**にあるときは，その旨

(3)－２　当該建物の位置が水害ハザードマップに表示されているときは，当該図面における当該建物の所在地

(4)　当該建物について，**石綿の使用**の有無の調査の結果が記録されているときは，その内容

(5)　当該建物（**昭和56年６月１日以降**に新築工事に着手したものを除く）が建築物の耐震改修の促進に関する法律に規定する基本方針のうち，建築物の耐震診断および耐震改修の実施について技術上の指針となるべき事項に基づいて，指定確認検査機関，建築士，登録住宅性能評価機関，地方公共団体が行う**耐震診断**を受けたものであるときは，その内容

(6)　当該建物が住宅の品質確保等に関する法律に規定する**住宅性能評価**を受けた新築住宅であるときは，その旨

⑯　宅地の貸借の契約の場合

(1)　当該宅地が**造成宅地防災区域内**にあるときは，その旨

(2)　当該宅地が**土砂災害警戒区域内**にあるときは，その旨

(3)　当該宅地が**津波災害警戒区域内**にあるときは，その旨

(3)－２　当該宅地の位置が水害ハザードマップに表示されているときは，当該図面における当該宅地の所在地

(4)　契約**期間**および契約の**更新**に関する事項

(5)　**定期借地権**を設定しようとするときは，その旨

(6)　当該宅地の用途その他の**利用の制限**に関する事項

(7)　敷金その他契約終了時に精算することとされている**金銭の精算**に関する事項

(8)　当該宅地の**管理**が委託されているときは，委託を受け

□**Challenge**
昭和60年10月１日に新築の工事に着手し，完成した建物の売買において，当該建物が指定確認検査機関による耐震診断を受けたものであるときは，その内容を買主に説明しなければならない。

(×)

ている者の**氏名**および**住所**（法人の場合は，商号または名称，主たる事務所の所在地）

⑼　契約終了時における当該宅地の上の建物の**取壊し**に関する事項を定めようとするときは，その内容

⑰　建物の貸借の契約の場合

⑴　当該建物が**造成宅地防災区域内**にあるときは，その旨

⑵　当該建物が**土砂災害警戒区域内**にあるときは，その旨

⑶　当該建物が**津波災害警戒区域内**にあるときは，その旨

⑶－２　当該建物の位置が水害ハザードマップに表示されているときは，当該図面における当該建物の所在地

⑷　当該建物について，**石綿の使用**の有無の調査の結果が記録されているときは，その内容

⑸　当該建物（**昭和56年６月１日以降**に新築工事に着手したものを除く）が**耐震診断**を受けたものであるときは，その内容

⑹　台所，浴室，便所その他の当該建物の**設備の整備**状況

⑺　契約**期間**および契約の**更新**に関する事項

⑻　**定期建物賃貸借**をしようとするときは，その旨

⑼　当該建物の用途その他の**利用の制限**に関する事項

⑽　敷金その他契約終了時に精算することとされている**金銭の精算**に関する事項

⑾　当該建物（区分建物を除く）の**管理**が委託されているときは，その委託を受けている者の**氏名**および**住所**（法人の場合は，その商号または名称，主たる事務所の所在地）

□**Challenge**
建物の貸借の媒介において，当該建物について石綿が使用されていない旨の調査結果が記録されているときは，その旨を借主に説明しなくてもよい。

（×）

❺信託の受益権の売主となる場合

宅建業者は，宅地建物にかかる信託（当該宅建業者を委託者とするものに限る）の受益権の売主となる場合における売買の相手方に対して，その者が取得しようとしている信託の受益権にかかる信託財産である宅地建物に関し，その売買の契約が成

POINT
宅建業者が買主の場合にも説明が必要

立するまでの間に，宅建士をして，少なくとも次に掲げる事項について，これらの事項を記載した書面（図面を必要とするときは図面）を交付して説明をさせなければならない。ただし，契約の締結前1年以内に売買の相手方に対し当該契約と同一の内容の契約について書面を交付して説明をしている等その売買の相手方の利益の保護のため支障を生ずることがない場合は，この限りでない（35条3項）。

① 当該信託財産である宅地建物の上に存する登記された権利の種類・内容ならびに登記名義人または登記簿の表題部に記録された所有者の氏名（法人にあっては，その名称）

② 都市計画法，建築基準法その他の法令に基づく制限の概要

③ 私道に関する負担に関する事項

④ 飲用水，電気およびガスの供給ならびに排水のための施設の整備の状況（これらの施設が整備されていない場合においては，その整備の見通しおよびその整備についての特別の負担に関する事項）

⑤ 当該信託財産である宅地建物が宅地の造成または建築工事の完了前のものであるときは，その完了時における形状，構造その他の事項

⑥ 当該信託財産である建物が区分所有建物であるときは，当該建物を所有するための一棟の建物の敷地に関する権利の種類および内容，共用部分に関する規約の定めその他の一棟の建物またはその敷地に関する権利およびこれらの管理または使用に関する事項

⑦ その他当該信託の受益権の売買の相手方の利益の保護の必要性を勘案して国土交通省令で定める事項（62～63頁「その他取引の相手方等の利益の保護に関する事項」⑭・⑮に掲げる項目と，62頁「取引条件に関する事項」⑬に掲げる項目と同様の内容）

❻注意事項

① 重要事項の説明は，契約成立前に行うこと。法37条に規定されている書面と一緒に交付してはならない。

② 宅建士でない者が重要事項の説明をしたときは，もう一度宅建士が重要事項の説明をしなければならない。

③ 私道負担がない場合，電気・水道・ガスに関する施設が完備している場合等も，必ず説明すること。

④ 抵当権等を抹消する予定の場合でも，重要事項の説明の際，抵当権等がついている旨の説明をする必要がある。

⑤ 法37条に規定されている書面に記載する事項でも，説明を省略することはできない。

⑥ 業者間取引の場合は，書面の交付のみで足りる。

⑦ 重要事項の説明の際，宅建士証を相手方等に提示しなければならないので，宅建士証を紛失した者は重要事項の説明をすることができない。

⑧ 法令に基づく制限に関する事項等一定の事項については，契約内容の別（契約の目的物が宅地であるか建物であるか，また売買であるか貸借であるか）によって説明事項が異なる。

⑨ 宅建士には，専任の宅建士と専任でない一般の宅建士がいる。これは，宅建業者が免許の申請の際，申請書に専任の宅建士として記載されたか，単に従業員として届出をされたかの違いである。

⑩ 重要事項の説明は，専任でない一般の宅建士が行ってもよい。専任の宅建士だけと限定されていない。

⑪ 重要事項の説明は，買主等にするものであって，売主等に重要事項の説明をする必要はない。したがって，一般の人から宅建業者が宅地を購入する場合は，説明の必要がない。

⑫ 重要事項の説明はどこで行ってもよい。

POINT
法35条に違反する行為は，法47条１号に規定する「重要な事項について，故意に事実を告げず，または不実のことを告げる行為」にも該当する

□Challenge
宅地建物取引業者Aは，自ら保有する宅地を売却するため，宅地建物取引業者Bと媒介契約を締結した。この場合，売主であるAは，買主に対し，宅地建物取引業法第35条に規定する重要事項の説明を行う義務はないが，媒介業者であるBは，重要事項の説明を行わなければならない。

（×）

9 供託所等に関する説明

⊕R3

宅建業者は，その相手方等（宅建業者を除く）に対して，**当該売買，交換または貸借の契約が成立するまでの間に**，次の事項を説明するようにしなければならない（35条の2）。

① 宅建業者が宅地建物取引業保証協会の社員でないとき……営業保証金を供託した供託所およびその所在地

② 宅建業者が宅地建物取引業保証協会の社員であるとき……社員である旨，当該保証協会の名称，住所および事務所の所在地ならびに弁済業務保証金を供託した供託所およびその所在地

10 契約締結等の時期の制限

⊕R1

宅建業者は，宅地の造成または建物の建築に関する工事の完了前においては，当該工事に関し必要とされる都市計画法による開発許可，建築基準法による建築確認，その他法令に基づく許可等の処分で施行令2条の5で定めるものがあった後でなければ，当該工事にかかる宅地建物について，自ら当事者として，もしくは当事者を代理してその売買もしくは交換の契約を締結し，またはその売買もしくは交換の媒介をすることができない（36条）。

POINT
本条で制限を受ける行為は，次の行為である（賃貸借契約は除かれている）
①自ら当事者として行う売買または交換
②当事者を代理して行う売買もしくは交換または売買もしくは交換の媒介

この制限は，広告の開始時期の制限と同様の趣旨により，**取引しようとする宅地建物がいわゆる青田の状態にあるときは，**開発許可や建築確認等の一連の許可等の処分を受けた後でなければ，**契約を締結することができない**としたものである。

なお，この制限に違反した場合には，監督処分として，1年以内の期間を定めて，業務の全部または一部の停止を命ぜられ，または情状が特に重いときは，免許の取消しが行われる。

11 書面の交付

⊕R1・R2・R3・R4・R5

POINT
業者間取引の場合でも書面の交付は必要

宅地建物の売買，貸借等の契約にあたっては，契約書を作成してこれを交付するのが通例であるが，契約内容が不明確，とくに重要な事項の記載を欠いたため，後日になって紛争が生ずることが少なくないので，重要な事項を書面に記載しこれを交付することにより紛争を防止することとした。

❶売買または交換の場合

宅建業者は，宅地建物の売買または交換に関し，**自ら当事者として契約を締結**したときは，その相手方に，**当事者を代理して契約を締結**したときは，その相手方および代理を依頼した者に，**その媒介により契約が成立**したときは，当該契約の各当事者に，遅滞なく，**次に掲げる事項を記載した書面**を交付しなければならない（37条1項）。

① 当事者の**氏名**（法人にあっては，その名称）および**住所**

② その宅地建物の**所在**，**地番**等（建物については，このほか種類，構造等），当該物件を**特定**するために必要な表示

②－2 当該建物が**既存建物**の場合は，建物の構造耐力上主要な部分等の状況について当事者の双方が確認した事項

③ 代金または交換差金の**額**ならびにその**支払いの時期**および**方法**

④ 宅地建物の**引渡しの時期**

⑤ **移転登記**の申請の時期

書面の交付と相手方

書面の交付を必要とする場合	その相手方
1 業者が自ら当事者として売買または交換の契約を締結したとき	その売買または交換の相手方
2 業者が当事者を代理して，売買，交換または貸借の契約を締結したとき	その売買，交換または貸借の相手方および代理を依頼した者
3 業者の媒介により，売買，交換または貸借の契約が成立したとき	その契約の各当事者

□**Challenge**
宅地および建物の引渡しの時期については，特に定めをしなかったため，宅地建物取引業法第35条の重要事項の説明書にはその旨記載し内容を説明したので，同法第37条の交付すべき書面に記載しなくても，宅地建物取引業法違反とはならない。

（×）

⑥　代金および交換差金以外の金銭の授受の**定め**があるときは，その**額**ならびに当該金銭の**授受の時期**および**目的**

⑦　**契約の解除**に関する**定め**があるときは，その内容

⑧　**損害賠償額の予定**または**違約金**に関する**定め**があるときは，その内容

⑨　代金または交換差金についての**金銭の貸借のあっせん**に関する**定め**があるときは，そのあっせんにかかる金銭の貸借が成立しないときの措置

⑩　天災その他不可抗力による**損害の負担**に関する**定め**があるときは，その内容

⑪　その宅地建物が種類または品質に関して契約の内容に適合しない場合におけるその不適合を担保すべき責任または当該責任の履行に関して講ずべき保証保険契約の締結その他の措置についての**定め**があるときは，その内容

⑫　その宅地建物にかかる租税その他の**公課の負担**に関する**定め**があるときは，その内容

❷貸借の場合

宅建業者は，宅地建物の貸借に関し，**当事者を代理して契約を締結**したときは，その相手方および代理を依頼した者に，**その媒介により契約が成立**したときは，当該契約の各当事者に，**次に掲げる事項を記載した書面**を交付しなければならない（37条2項）。

①　前記❶の売買または交換の場合の①，②，④，⑦，⑧および⑩に掲げる事項

②　借賃の額ならびにその支払いの時期および方法

③　借賃以外の金銭の授受に関する定めがあるときは，その額ならびに当該金銭の授受の時期および目的

❸書面の性格等

前記❶または❷の事項を記載した書面は，宅建業者が，成立した契約の内容をその相手方等に了知させるために交付するも

□**Challenge**
既存住宅の売買の媒介依頼を受けた宅地建物取引業者は，買主が宅地建物取引業者である場合であっても，法第37条に基づき交付すべき書面において，当該住宅の構造耐力上主要な部分等の状況について当事者の双方が確認した事項があるときにその記載を省略することはできない。

（○）

のであって，その法的な性格は一種の報告書と解すべきものである。したがって，契約の成立要件でもなければ，また，この書面自体が契約書となるわけではない。しかし，この書面は，契約の主要な内容を記載するものであるから，本条に定める要件に適合した契約書であれば，その契約書をもって，本条の書面に代えることができる。また，宅建業者は，この交付すべき書面を作成したときは，**宅建士**をして，当該書面に**記名**させなければならない（37条3項）。

宅建業者は，相手方等の承諾を得て，書面の交付に代えて，当該書面に記載すべき事項を**電磁的方法**により提供することができる（同条4項・5項）。

POINT
電磁的方法による提供を行う場合，提供するファイルに記録された記載事項について，改変が行われていないかどうかを確認することができる措置を講じなければならない

なお，この規定に違反した者については，1年以内の期間を定めて，業務の全部または一部の停止を命ずることができ，情状が特に重いときは免許が取り消される。また，50万円以下の罰金に処せられることがある（83条1項）。

12 事務所等以外の場所においてした買受けの申込みの撤回等

⊕R1・R2・R3・R4・R5

宅建業者が，自ら売主となる取引において，訪問販売，旅行招待販売等の方法により，強引に土地や建物を売りつける事例が見受けられ，あとになって苦情や紛争が起こることがある。そこで，消費者を保護する観点から，購入者の購入意思が不安定な状況のもとで行われた契約の申込等は，撤回できることとした。

POINT
消費者を保護する観点から，宅建業者の事務所またはこれに準ずる場所以外の場所でなされた売買契約等は，8日間は無条件で契約の解除等ができる

❶申込みの撤回等ができる場合

宅建業者が，自ら売主となる**宅地建物の売買契約**について，その**宅建業者の事務所その他国土交通省令・内閣府令で定める場所以外の場所**において，当該宅地建物の買受けの申込みをした者または売買契約を締結した買主は，次の❷に掲げる場合を除き，**書面**により**申込みの撤回等**を行うことができる。この場

法改正
申込みの撤回等の通知は，特定商取引法の改正により，電磁的記録により行うことが可能となった（令和4年6月1日施行）

クーリング・オフのしくみ

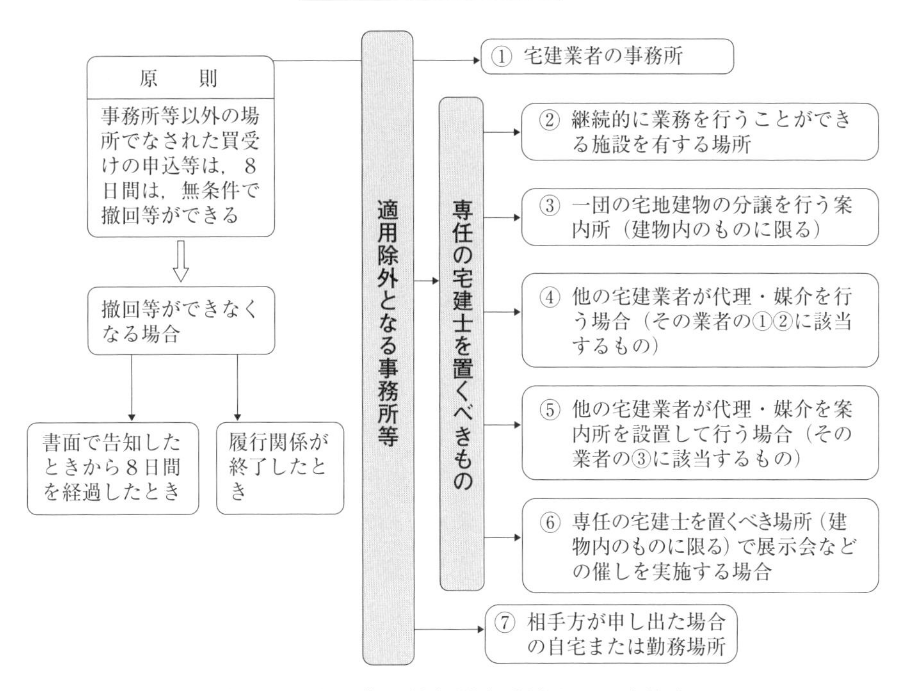

合，宅建業者は，申込みの撤回等に伴う損害賠償または違約金の支払いを請求することができない（37条の2第1項）。

国土交通省令・内閣府令で定める場所とは，次に掲げるものとしている（則16条の5）。

①　次に掲げる場所のうち，専任の宅建士を置くべきもの

⑴　当該宅建業者の事務所以外の場所で継続的に業務を行うことができる施設を有するもの

⑵　当該宅建業者が一団の宅地建物の分譲（10区画以上の一団の宅地または10戸以上の一団の建物の分譲）を行う場合に設置した案内所（**土地に定着する建物内**に設けられるものに限る。⑷において同じ）

⑶　当該宅建業者が他の宅建業者に対し，宅地建物の売却について代理または媒介の依頼をした場合において，依頼を受けた宅建業者の事務所または事務所以外の場所

□**Challenge**
宅地建物取引業者が15戸の一団の建物の分譲に当たり，専任の宅地建物取引士を置いた案内所を設置した場合，その案内所でなされた買受けの申込みについては，宅地建物取引業法第37条の2の規定により撤回されることはない。

（○）

で，継続的に業務を行うことができる施設を有するもの

(4) 当該宅建業者が一団の宅地建物の分譲の代理または媒介を依頼し，かつ，依頼を受けた宅建業者がその代理または媒介を行う場合に設置した案内所

(5) 当該宅建業者および宅建業者から依頼を受けた他の宅建業者が，専任の宅建士を置くべき場所（土地に定着する建物内のものに限る）で宅地建物の売買契約に関する説明をした後，当該宅地建物に関し，展示会その他これに類する催しを実施する場所

② 当該宅建業者の相手方が，その自宅または勤務する場所において，売買契約に関する説明を受ける旨を申し出た場合にあっては，その相手方の自宅または勤務する場所

本条は，いわゆる**クーリング・オフ**制度といわれるもので，対象となる取引は，宅建業者が**「自ら売主となる売買契約」**に限られており，一般消費者間の取引を単に媒介するような場合は，この制度の対象とはならない。また，この制度が適用になる場所は，「宅建業者の事務所その他国土交通省令・内閣府令で定める場所以外の場所」であるから，事務所その他国土交通省令・内閣府令で定める場所における取引には適用されない。

さらに，この制度を活用して申込みの撤回等をなしうる者は，**「買受けの申込みをした者」**と**「売買契約を締結した買主」**である。一般に，契約は申込みと承諾により成立するので，消費者の方で買受けの申込みをしたが，まだ宅建業者の承諾がなされていない場合には，「買受けの申込みの撤回」となるし，すでに承諾がなされて契約が成立している場合には，「売買契約の解除」となる。

なお，消費者が宅建業者の**事務所等**において**買受けの申込み**をし，**事務所等以外の場所**において**「売買契約を締結」**した場合には，その者は，売買契約の解除をなしうる買主からは除かれている（37条の2第1項本文かっこ書）。

□**Challenge**
宅地建物取引業者でないAは，取引業者Bに対し，Bが売主である宅地建物について，Aの自宅付近の喫茶店で，その買受けの申込みをした。この場合，申込みの撤回を行う前にAが売買代金の一部を支払い，かつ，引渡し日を決定した場合は，Aは申込みの撤回をすることができない。

（×）

❷申込みの撤回等ができなくなる場合

申込みの撤回等ができなくなるのは，次の２つの場合である(37条の２第１項)。

① 買受けの申込みをした者または買主が，国土交通省令・内閣府令の定めるところにより，申込みの撤回等を行うことができる旨や申込みの撤回等を行う場合の方法について告げられた場合において，**その告げられた日から起算して８日を経過**したときには，その申込者等はもはや申込みの撤回等を行うことができない。

つまり，申込みの撤回等ができるのは基準日から起算して８日間に限ることとし，この期間を経過したときは，もはや撤回等をなしえないものとした。この期間は，申込者等が，「国土交通省令の定めるところにより，申込みの撤回等を行うことができる旨およびその申込みの撤回等を行う場合の方法について告げられた日」から起算する。したがって，宅建業者が国土交通省令で定めるところにより，申込みの撤回等を行うことができる旨およびその方法を「告げない」ときは，８日間の起算が始まらないので，申込者等はいつまでも撤回等ができることになる。

② 買受けの申込みをした者または買主が，**当該宅地建物の引渡しを受け，かつ，その代金の全部を支払った**ときは，申込みの撤回等を行うことができない。

これは，物件の引渡しを終え代金の支払いも完了しているような，契約の履行関係がすべて終了した事案についてまで撤回等を認めることは，法的安定性を阻害することになるので，クーリング・オフの対象外としたものである。

POINT
次の場合には，撤回等ができない
①クーリング・オフ制度の概要を書面で告知した日から起算して８日を経過したとき
②履行関係が終了したとき

POINT
申込みの撤回等の告知は，買主の氏名・住所，売主の業者名・住所・免許証番号等を記載した書面を交付して行わなければならない

❸申込みの撤回等の方式と効果

申込みの撤回等の意思表示を「書面」により行った場合には**発信主義**がとられている。すなわち，申込みの撤回等は，申込者等がその書面を発した時に，その効力を生ずるものとしている

POINT
申込みの撤回等を書面によって行った場合には，発信主義がとられている

(37条の2第2項)。

申込者等が申込みの撤回等を行った場合には，宅建業者は，申込みの撤回等に伴う損害賠償または違約金の支払いを請求することができない（同条1項後段)。また，申込みの撤回等が行われた場合には，宅建業者は，申込者等に対して，速やかに，買受けの申込みや売買契約の締結に際して**受領した手付金その他の金銭を返還**しなければならない（同条3項)。

❹違反行為に対する措置

本条の規定に反する**特約で申込者等に不利なものは，**無効となる（同条4項)。すなわち，本条の規定に反する特約で，申込者等に不利なもの，たとえば，クーリング・オフの適用除外となる場所を拡大したり，申込みの撤回等が行われても損害賠償を請求できるとしたり，あるいは，申込みの撤回等をなしうる期間を6日に短縮するなどのような特約は，無効である。

本条は，消費者保護の観点から民法の契約自由の原則の特例を設けたものであるから，これに反する特約で申込者等にとって不利なものは同条4項の規定により無効となるので，罰則や監督処分については，特別の規定は設けられていない。しかし，私法上無効となることとは別に，宅建業者に対し必要な指示をすることができる。

なお，この規定は宅建業者間の取引には適用されない。

□**Challenge**
宅地建物取引業者Aが，自ら売主となり，宅地建物取引業者でない買主Bとの間で締結した宅地の売買契約について，買主Bは，ホテルのロビーで買受けの申込みをし，翌日，Aの事務所で契約を締結した際に手付金を支払った。その3日後，Bからクーリング・オフの書面が送付されてきた。この場合，Aは，契約解除に伴う損害額と手付金を相殺することができる。

13 損害賠償額の予定等の制限

⊕R3・R4

宅地建物の売買契約において，売主は，買主の債務不履行によって生ずる損害に備えて，損害賠償額をあらかじめ予定したり，あるいは債務不履行があれば，違約金として一定の額を没収するという定めをすることがある。この場合，債務不履行があれば，債権者は，実際に生じた損害の額を証明しなくとも，予定していた損害賠償額を請求できるし，逆に債務者は，実際

POINT
損害賠償額の予定または違約金の定めをするときは，その合計額を代金の額の2割以内としなければならない
(×)

に損害がほとんど生じていないことを証明しても，その予定額の支払いを拒むことができない。そのため損害賠償額の予定がきわめて高額の場合には，買主に対して酷になることがあるので，不当に高額な損害賠償額の予定または違約金の定めを規制することとした。

宅建業者が，自ら売主となる**宅地建物の売買契約**において，当事者の債務の不履行を理由とする契約の解除に伴う損害賠償の額を予定し，または違約金を定めるときは，これらを**合算した額が代金の額の**10分の２を超えることになるような定めをすることができない。仮に，これに反する特約を締結しても，**代金の額の**10分の２**を超える部分については**無効となる(38条)。

この規制の対象となるのは，売主である宅建業者または買主のいずれかの債務不履行を理由として契約が解除され，その解除にともなって請求される**損害賠償の額の予定と違約金**である。したがって，債務の履行が遅れた場合に支払うこととなる遅延賠償額の予定は，この規制の対象とはならない。

ここでいう**損害賠償の額の予定**とは，債務不履行による契約の解除があった場合に生ずる損害賠償の額を，あらかじめ予定しておくことであり，**違約金**とは，債務の履行が行われなかったことに対する一種の経済的制裁としての違約金で，これによって債務の確実な履行を担保することができる。したがって，この両者はその性格を異にするので，これら２つを合算した額が，代金の額の２割を超える定めをしてはならないこととして，債務不履行による契約の解除の際に支払わなければならない額の総額を，２割以内に制限したものである。

この規定に違反した場合には，法38条２項の規定により２割を超える部分は無効となるので，罰則や監督処分については，特別の規定は設けられていない。しかし，私法上無効となることとは別に，宅建業者に対し，必要な指示をすることができる。

なお，この規定は宅建業者間の取引には適用されない。

□Challenge
宅地建物取引業者が自ら売主となり宅地建物取引業者でない者と締結した宅地の売買契約において，「予定する損害賠償の額と違約金の額をそれぞれ代金の額の$\frac{2}{10}$とする」との特約をした場合であっても，予定する損害賠償の額と違約金の額を合算した額は，代金の$\frac{2}{10}$となる。

(○)

14 手付の額の制限等

⊕R1・R2・R3・R4

宅地建物の売買契約において，買主から売主に手付を交付することが多いが，その手付のもつ意味はさまざまであって，必ずしも一定ではない。しかし，手付の額が高額であるときは，契約の拘束力が強められ，契約の履行を確保することが容易となる利点があるが，契約を解除する場合には，両当事者とも手付の額だけ損をすることになるので，手付の額の制限等について，次のような規制をしている（39条）。

POINT
ここでいう手付は，すべて解約手付としての性格が与えられている

① 宅建業者は，**自ら売主となる宅地建物の売買契約**の締結に際して，**代金の額の10分の2**を超える額の手付を受領することができない。

② 宅建業者が，自ら売主となる宅地建物の売買契約の締結に際して手付を受領したときは，その手付がいかなる性質のものであっても，買主はその手付を放棄し，当該宅建業者はその倍額を現実に提供して契約の解除をすることができる。ただし，その相手方が契約の履行に着手した後は，この限りでない。

③ 上記②に反する特約で，買主に不利なものは，**無効**となる。しかし，買主に有利な特約，たとえば，買主は手付の半額を放棄すれば契約の解除ができるとするもの，売主が契約の解除をするには，手付の3倍にあたる額を買主に償還しなければならないとする特約などは，有効である。

□**Challenge**
宅地建物取引業者Aが売主となり，取引業者でないBと宅地の売買契約（代金4,000万円，手付金400万円）を締結した。この契約で「当事者の一方が契約の履行に着手するまでは，Bは手付金400万円を放棄し，Aはその倍額を超える1,000万円を償還して，契約を解除することができる」と定めたときは，その定めは無効である。

（×）

なお，解約手付による解除ができるのは，相手方が契約の履行に着手するまでの間であるから，相手方が履行に着手していれば，契約を解除することができない。履行の着手がいつあったかどうかは，具体的な事例によって異なるが，おおむね次のような場合には，**履行の着手**があったものとみることができる。

① 売主が所有権移転登記の準備をととのえ，買主に対して代金を持参して登記所へ出頭するよう促した場合，または

仮登記を行った場合等

② 買主が代金を用意して，これと引きかえに履行を促した場合，または内金の支払いを行った場合等

履行に着手するということは，売主・買主とも，売買契約によって負担したそれぞれの債務の履行行為そのものに着手することであるから，履行の準備（たとえば，買主が代金を調達した場合など）は，履行の着手とはならない。

なお，この規定は宅建業者間の取引には適用されない。

15 担保責任についての特約の制限

出R1・R2・R4

宅建業者は，自ら売主となる**宅地建物の売買契約**において，その目的物が種類または品質に関して契約の内容に適合しない場合におけるその不適合を担保すべき責任に関し，民法566条に規定する期間について，その**目的物の引渡しの日から2年以上とする特約をする場合を除いて**，民法に規定するものより，相手方に不利となる特約をしてはならない。仮に，この担保責任期間に関する特約が，この法律に定めるものより買主に不利な場合，または期間以外の担保責任の内容について，民法に規

POINT
引渡しの日から1年間とする特約は，法40条2項によって無効となる。この場合には，特約のない状態に戻るため，民法の原則に従って，不適合を発見した時から1年以内の通知となる

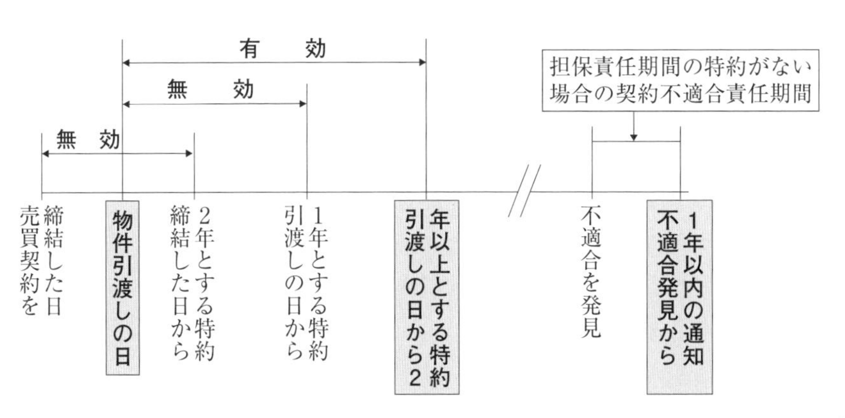

定するものより買主に不利な場合には，その**特約は無効**となる(40条)。

民法562条〜564条に規定する売主の契約不適合責任は，目的物の種類または品質に関して契約内容に適合しない場合において，買主は，売主に対して，履行の追完請求，代金の減額請求，損賠賠償の請求，契約の解除をすることができるとしている。したがって，これより買主に不利な特約，たとえば，履行の追完請求はできるが損害賠償請求や契約の解除はできないなどの特約は許されない。なお，民法は売主に責任のある契約不適合の場合のみ損害賠償を認め（民法415条），それ以外については売主に無過失責任を認めていることから，たとえば売主に責任がある契約不適合の部分についてのみ履行の追完請求を認める，という特約もすることはできない。

このように**売主の担保責任**について，民法に規定するものより買主に不利となる特約はできないが，その期間については，法40条１項で「目的物の引渡しの日から２年以上となる特約をする場合を除き」と規定している。すなわち，売主である宅建業者は，特約をすれば，宅地建物の**引渡し後２年以内に通知された契約不適合について責任を負う**だけで，２年を経過してしまえば，不適合のある物件を引き渡しても，善意であれば責任を免れることになる。

この点，民法は「買主がその不適合を知った時から１年以内」の通知と規定しているので，前記の特約がない場合，または特約が無効となった場合には，不適合の発見が，仮に物件の引渡し後５年たってからでも，その**発見の時から１年以内に通知された不適合については，担保責任を負う**ことになる。

なお，この規定は宅建業者間の取引には適用されない。

POINT

売主の担保責任の期間について，目的物の引渡しの日から２年以上の一定の期間を設定する特約は有効である

□**Challenge**

宅地建物取引業者が自ら売主となり取引業者でない者と締結した宅地の売買契約において，「目的物の不適合を担保すべき責任に関し，損害賠償を請求することができる期間は，目的物の引渡しの日から１年」との特約をした場合には，その特約は無効とされ，買主は，不適合があることを知った時から１年以内に通知すれば，損害賠償を請求することができる。

(○)

16 手付金等の保全

⊖R1・R2・R3・R5

マンションや戸建て住宅等の分譲などでは，工事完了前に売買契約を結ぶいわゆる「青田売り」が慣例となっている。この青田売りの場合には，宅地建物が売主から買主に引き渡される前に，売買代金の一部を前金，内金，手付金などの名目で授受されるのが通例である。また，工事完了後の宅地建物の取引でも，物件の引渡し前に売買代金の相当額を手付金，中間金などとして支払う場合が多い。

ところが,物件の引渡し前に当該宅建業者が経営不振に陥り，または倒産した場合には，買主は，すでに支払った手付金等の返還を受けることもできず，また，購入物件の引渡しも受けられないという事態になり，買主は多大の損害を受けることになる。そこで，買主の利益を保護するため手付金等の受領について一定の規制を加えることとした。

❶工事完了前の手付金等の保全

POINT
手付金等の保全措置には次の２つの方法がある
①銀行等による保証委託契約
②保険事業者による保証保険契約

宅建業者は，**宅地の造成または建築に関する工事の完了前**において行う宅地建物の売買で,自ら売主となるものに関しては,次に掲げる措置のいずれかを講じた後でなければ，買主から手付金等を受領してはならない。ただし，その宅地建物について買主への**所有権移転の登記**がされたとき，買主が**所有権の登記**をしたとき，または宅建業者が受領しようとする手付金等の額(すでに受領した手付金等があるときは，その額を加えた額)が，**売買代金の額の**100分の５以下であり，かつ，1,000万円以下であるときは，手付金等の保全措置を講ずる必要がない（41条１項，令３条の５）。

なお，この場合の**手付金等**とは，代金の全部または一部として授受される金銭および手付金その他の名義をもって授受される金銭で，**代金に充当されるもの**であって，契約の締結の日以後その宅地または建物の引渡し前に支払われるものをいう。

① **銀行等**との間において，宅建業者が受領した手付金等の返還債務を負うこととなった場合において，当該銀行等がその債務を連帯して保証することを委託する契約（**保証委託契約**）を締結し，かつ，当該契約に基づいて銀行等が手付金等の返還債務を連帯保証することを約する書面を買主に交付すること。

② **保険事業者**との間において，宅建業者が受領した手付金等の返還債務の不履行により，買主に生じた損害のうち手付金等の額に相当する部分を当該保険事業者が補てんすることを約する**保証保険契約**を締結し，かつ，保険証券また

銀行等との保証委託契約の流れ

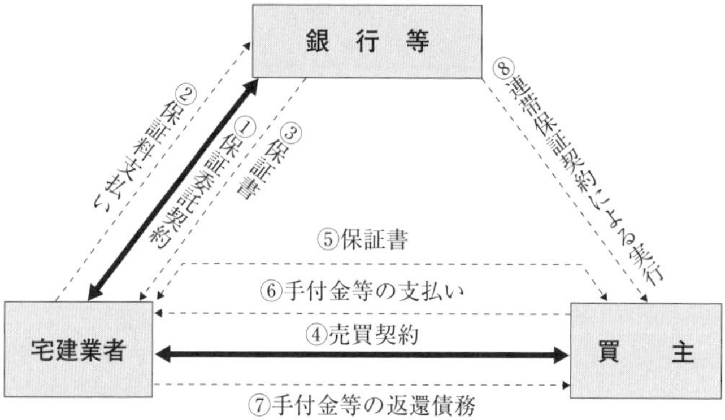

銀　行　等
宅建業者
買　主
①保証委託契約
②保証料支払い
③保証書
④売買契約
⑤保証書
⑥手付金等の支払い
⑦手付金等の返還債務
⑧連帯保証契約による実行

保険事業者との保証保険契約の流れ

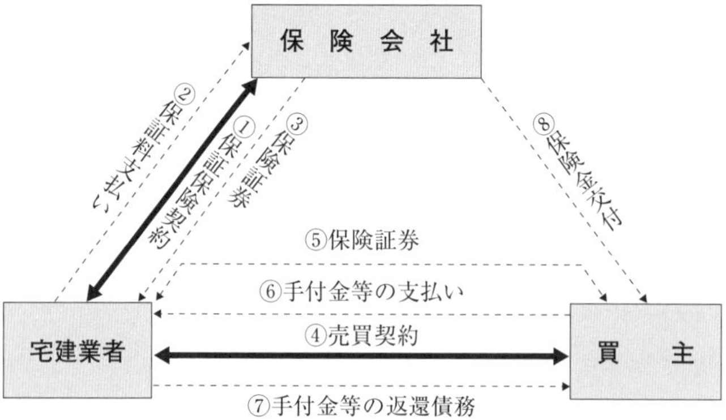

保　険　会　社
宅建業者
買　主
①保証保険契約
②保証料支払い
③保険証券
④売買契約
⑤保険証券
⑥手付金等の支払い
⑦手付金等の返還債務
⑧保険金交付

POINT

銀行等の保証書，保険会社の保険証券を買主に交付した後でなければ，取引業者は手付金等を受領してはならない

□**Challenge**

宅地建物取引業者Aは，取引業者でないBと建築工事完了前に分譲住宅の売買契約（代金5,000万円，手付金200万円，中間金300万円）を締結した。この場合，所有権の登記前に中間金を受け取るときは，Aは，手付金及び中間金について保全措置を講じる必要はない。

（×）

はこれに代わるべき書面を買主に交付すること。

この場合の保証委託契約および保証保険契約は，次のことを内容とするものでなければならない。

① **銀行等との保証委託契約**……(1)保証債務が，少なくとも宅建業者が受領した手付金等の返還債務の全部を保証するものであること。(2)保証すべき手付金等の返還債務が，少なくとも宅建業者が受領した手付金等にかかる宅地または建物の引渡しまでに生じたものであること（41条2項）。

② **保険事業者との保証保険契約**……(1)保険金額が，宅建業者が受領しようとする手付金等の額（すでに受領した手付金等があるときは，その額を加えた額）に相当する金額であること。(2)保険期間が，少なくとも保証保険契約が成立した時から宅建業者が受領した手付金等にかかる宅地建物の引渡しまでの期間であること（同条3項）。

宅建業者が，宅地建物の売買を行う場合において，**保証委託契約または保証保険契約の措置を講じていないときは**，買主は手付金等を支払わなくとも，**債務不履行に問われることはない**（同条4項）。

なお，宅建業者は，買主の承諾を得て，当該保証委託契約に基づいて当該銀行等が手付金等の返還債務を連帯して保証することを約する書面または保険証券に代わるべき書面の交付に代えて，**電磁的方法**による措置を講じることができる（同条5項）。

POINT
手付金等の保全措置には，次の3つの方法がある
①銀行等による保証委託契約
②保険事業者による保証保険契約
③指定保管機関による手付金等寄託契約

❷工事完了後の手付金等の保全

宅建業者は，自ら売主となる**工事完了後の宅地建物の売買**（中古住宅または宅地の現況有姿売買等）に関しては，①銀行等との保証委託契約を締結し，当該契約に基づく銀行等の保証書を買主に交付するか，②保険事業者との保証保険契約を締結し，当該契約に基づく保険証券を買主に交付するか，または③**指定保管機関**との手付金等寄託契約を締結し，当該契約に基づ

指定保管機関との手付金等寄託契約の流れ

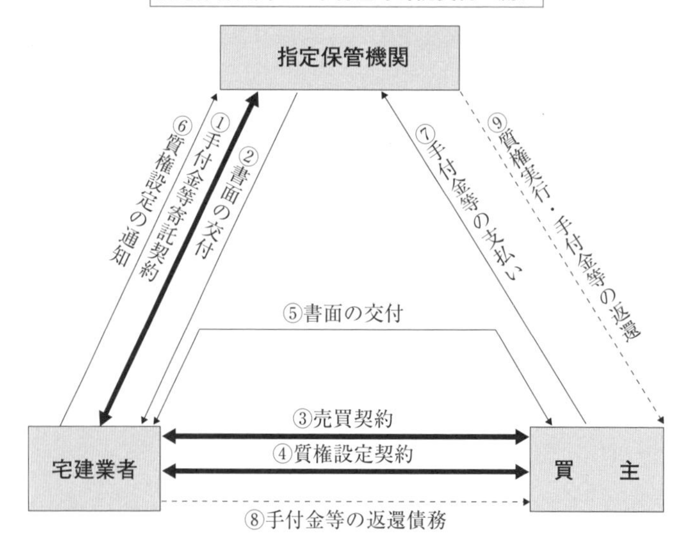

手付金等の保全

<table>
<tr><th></th><th>工事完了前</th><th>工事完了後（中古物件等）</th></tr>
<tr><td rowspan="3">保全措置</td><td colspan="2">①銀行等による保証委託契約</td></tr>
<tr><td colspan="2">②保険事業者による保証保険契約</td></tr>
<tr><td>—</td><td>③指定保管機関による
手付金等寄託契約</td></tr>
<tr><td rowspan="2">保全措置が不要な場合</td><td colspan="2">①当該物件について，買主への所有権移転の登記がなされたとき
②当該物件について，買主が所有権の登記をしたとき</td></tr>
<tr><td>③宅建業者が受領しようとする手付金等の額（すでに受領した手付金等があれば，その額を加えた額）が，代金の額の5％以下で，かつ，1,000万円以下であるとき</td><td>③左に同じ
ただし，代金の額の10％以下で，かつ，1,000万円以下であるとき</td></tr>
<tr><td>保全すべき手付金等</td><td colspan="2">代金の全部または一部として授受される金銭および手付金その他の名義をもって授受される金銭で代金に充当されるものであって，契約の締結の日以後，当該宅地建物の引渡し前に支払われるものをいう</td></tr>
</table>

く手付金等寄託契約を証する書面を買主に交付するか，これら3つのうちのいずれかの措置を講じた後でなければ，買主から手付金等を受領してはならない。ただし，当該宅地または建物について買主への**所有権移転の登記等**がされたとき，または受領しようとする手付金等の額が代金の**10分の1以下**であり，かつ，**1,000万円以下**であるときは，この限りでない（41条の2第1項）。

なお，**指定保管機関**は，宅地建物の売買に関し，宅建業者に代理して手付金等を受領し，当該宅建業者が受領した手付金等の額に相当する額の金銭を保管する事業（手付金等保管事業）を営もうとする者の申請により国土交通大臣が指定する（63条の3）。

● **手付金等寄託契約**

国土交通大臣が指定する**指定保管機関**との間において，宅建業者が自己に代理して当該指定保管機関に当該手付金等を受領させるとともに，当該指定保管機関が，手付金等を受領した時からこの手付金等を保管することを約する**契約を事前に締結**し，関係書類を当該指定保管機関から受領しておき，かつ，契約を締結したことを証する**書面を買主に交付**しなければならない（41条の2第1項1号）。

また，手付金等寄託契約では，保管される金額が，受領しようとする手付金等の額（すでに受領したものがあるときは，その額を加えた額）に相当する金額であること，および，保管期間が少なくとも当該物件の引渡しまでの期間であることが，定められていなければならない（同条2項）。

● **質権設定契約**

宅建業者は，手付金等寄託契約に基づく寄託金の返還を目的とする債権について，**質権を設定する契約**を買主との間で締結し，これを証する**書面を買主に交付**するとともに，この質権の設定を，**確定日付のある証書**をもって，指定保管機関に通知し

□**Challenge**
宅地建物取引業者Aが，自ら売主となって，取引業者でないBと建築工事完了後に分譲住宅の売買契約（代金6,000万円，手付金800万円）を締結した。この場合，手付金が売買代金の額の10%を超えていても，営業保証金の範囲内であれば，保全措置を講じる必要はない。

（×）

なければならない（同条1項2号）。

また，質権設定契約では，設定される質権の存続期間が，少なくとも，当該物件の引渡しまでの期間であることが，定められていなければならない（同条3項）。

● 手付金等保管措置をとった後の手続等

① 宅建業者は，上記の手付金等寄託契約および質権設定契約の措置を講ずる場合において，すでに**自ら手付金等を受領している**ときは，自ら受領した手付金等の額に相当する額（すでに指定保管機関が保管する金銭があるときは，その額を除いた額）の金銭を，買主が手付金等の支払いをする前に，指定保管機関に交付しなければならない（同条4項）。

② 宅建業者が工事完了後の宅地建物の売買を行う場合に，銀行等との保証委託契約，保険事業者との保証保険契約，指定保管機関との手付金等寄託契約の措置を講じないとき，またはすでに受領している手付金等を指定保管機関に交付しないときは，買主は契約の条項にかかわらず，手付金等を支払わないことができる（同条5項）。

③ 当該物件の引渡しまでの間に，宅建業者が買主に対して手付金等の返還債務を負うこととなった場合には，買主は質権を実行して手付金等寄託契約に基づく寄託金の返還を受けることになる。

④ 宅建業者が売買契約に基づき，当該物件を引き渡したときは，当該取引業者は，指定保管機関から手付金等寄託契約に基づく寄託金の返還を受けることになる。

なお，宅建業者は，買主の承諾を得て，当該手付金等寄託契約を証する書面または当該質権設定契約を証する書面の交付に代えて，**電磁的方法**による措置を講じることができる（同条6項）。

❸違反行為に対する措置

宅建業者が手付金等保全措置を講じないで，手付金等を受領したときは，監督処分として，１年以内の期間を定めて，業務の全部または一部の停止を命ずることができ，情状が特に重い場合には，免許の取消しが行われる。

なお，この規定は宅建業者間の取引には適用されない。

17 宅地または建物の割賦販売の契約の解除等の制限

⊕R2

宅地建物の割賦（かっぷ）販売は，10年以上の長期間にわたるものが多いから，宅建業者と買主との間の信頼関係がきわめて重要である。しかし，ややもすると賦払金（ふばらいきん）の支払いについて，１日でも支払いが遅れると契約を解除するなどの契約をするものが見受けられ，買主に不当な不利益を強いる結果となるおそれがある。そこで，割賦販売の契約解除について一定の規制を加えることとした。

宅建業者は，**自ら売主となる**宅地建物の割賦販売の契約について，賦払金の支払いの義務が履行されない場合には，**30日以上の相当の期間**を定めて，その支払いを書面で**催告**し，その期間内にその義務が履行されないときでなければ，賦払金の支払いの遅滞を理由として契約を解除することができない。また，買主に対し，支払時期の到来していない賦払金の支払いを請求することもできない（42条）。

この規定に反するような特約は**無効**となる。したがって，30日以上の相当の期間をおかずに，あるいは口頭のみで催告をして契約を解除しても，解除の効果は発生しない。

なお，この規定は宅建業者間の取引には適用されない。

18 所有権留保等の禁止

ⓗR3・R4

宅地建物の割賦販売においては，宅建業者は，物件を買主に引き渡した後においても，多額の残代金債権をもっているのが通常である。このため宅建業者は，これを担保するため当該宅地建物の所有権を移転せずに，自分の手許に留めておくことがある。

この所有権留保の状態では，買主が物件の引渡しを受けてこれを使用していても，所有権をもって売主以外の者に対抗することができない。したがって，この状態で売主が，当該宅地建物を二重売買したり，倒産した場合には，買主は不測の損害を受けることになる。

また，この所有権留保の禁止の脱法手段として，売主はいったん所有権を買主に移転し，ふたたび，残代金の担保手段として，当該宅地または建物の所有権を譲り受ける（譲渡担保）ことがある。そこで，このような買主の不測の損害を防ぐため所有権留保等について，次のような規制を加えている。

❶所有権留保の禁止

宅建業者は，自ら売主として**宅地建物の割賦販売**を行った場合には，原則として当該割賦販売にかかる宅地建物を買主に引き渡すまでに，登記その他引渡し以外の売主の義務を履行しなければならない。すなわち売主は，割賦販売を行った場合には，当該物件を相手方に引き渡すまでに，**所有権移転登記**をしなければならないし，また，買主が直接所有権保存登記をする場合には，それに必要な書類の交付，権利証の交付など**買主の登記申請に協力**しなければならない。ただし，次のような例外が認められている（43条1項）。

① 宅地建物の引渡し後であっても，宅建業者が受けとった金銭の総額が**代金の額の**10分の3を超えていない場合には，これを超える額の金銭の支払いを受けるまで，宅建業

POINT
宅建業者が，自ら売主となって，宅地建物の割賦販売を行った場合には，原則として，売買物件を買主に引き渡すまでに，登記その他の引渡し以外の売主の義務を履行しなければならない

者は所有権を留保しておくことができる。

② 宅建業者は，残代金債権について担保手段を講じなければならないが，買主が，引渡しを受けた宅地建物のうえに抵当権を設定し，その登記をする見込みがないとき，もしくは不動産売買の先取特権の登記をする見込みがないとき，またはこれを保証する保証人を立てる見込みがないときは，宅建業者は所有権を留保しておくことができる。

❷譲渡担保の禁止

POINT
代金の額の30%を超える金銭の支払いを受けた後は，譲渡担保は許されない

宅建業者は，**自ら売主として宅地建物の割賦販売**を行った場合において，当該割賦販売にかかる宅地建物を買主に引き渡し，かつ**代金の額の10分の3**を超える額の金銭の支払いを受けた後は，担保の目的で当該宅地建物を譲り受けてはならない。すなわち，売主は物件を買主に引き渡し，かつ代金の額の10分の3を超える支払いを受けた後は，残代金の担保手段としてすでに買主に所有権を移転した当該宅地建物を，ふたたび買主から譲り受ける方法による譲渡担保は許されない（43条2項）。

❸宅地建物取引業者が債務を保証した場合の所有権留保等の禁止

宅建業者は，**自ら売主として宅地建物の売買**を行った場合において，代金の全部または一部に充てるための買主の金銭の借入れで，当該宅地建物の**引渡し後1年以上の期間**にわたり，かつ，**2回以上に分割**して返還することを条件とするものにかかる債務を保証（提携ローン付売買）したときは，次によらなければならない。

●所有権留保の禁止

宅建業者は，当該宅地建物を買主に引き渡すまでに，登記その他引渡し以外の売主の義務を履行しなければならないので，**提携ローン付売買**においても，原則として売主が所有権を留保しておくことは許されない。ただし，次の場合には例外が認められている（43条3項）。

① 当該宅地建物を引き渡すまでに，宅建業者が受領した代

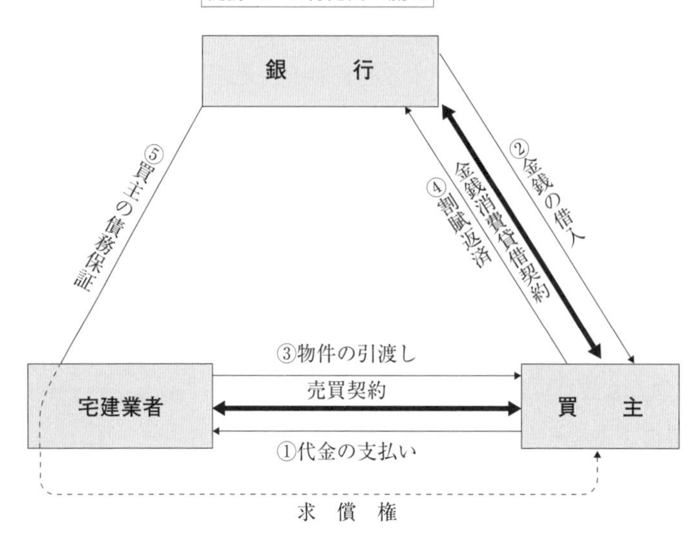

金の額から，当該保証にかかる債務で売買物件を引き渡すまでに買主が金融機関に弁済していないものの額を控除した額が，**代金の額の10分の3**を超えていない場合には，受領した代金の額から当該保証にかかる債務で弁済されていないものの額を控除した額が代金の額の10分の3を超えるまでは，売主は所有権を留保しておくことができる。

設　例

Aが宅建業者Bから5,000万円の土地を買う契約をし，頭金として20%（1,000万円）を支払い，残額80%（4,000万円）を銀行ローンによって支払い，その後，引渡しまでにそのうち10%（500万円）をすでに銀行に返済した。この場合，Bが土地を引き渡すまでに受領した代金の額は，頭金の1,000万円と銀行ローンの4,000万円で100%である。次に，保証にかかる債務の額で，引渡しまでに弁済されていないものの額は，銀行ローンの4,000万円から一部支払済みの500万円を控除した3,500万円の70%である。したがって，支払済みの額はまだ30%を超えていないが，これが代金の額の30%を超えるにいたったとき，すなわち，あと1%でもAが銀行に返済した場合には，所有権留保をしてはならないことになる。

② 宅建業者は，当該保証債務を履行した場合に取得する求償権および当該宅地建物にかかる所有権移転後の代金債権を担保するため，引き渡した宅地建物について，抵当権もしくは不動産売買の先取特権の登記をし，またはこれを保証する保証人を立てる必要があるが，これらの見込みがない場合には，所有権を留保しておくことができる。

● **譲渡担保の禁止**

宅建業者が，当該売買にかかる宅地建物を買主に引き渡し，かつ，受領した代金の額から当該保証にかかる債務で弁済されていないものの額を控除した額が，**代金の額の10分の3**を超える額の金銭の支払いを受けた後は，担保の目的で当該宅地建物を買主から譲り受けてはならない。すなわち売主が当該宅地建物を譲渡担保とすることは許されない（43条4項）。

法43条の所有権留保等の上記の4つの禁止規定に違反した場合には，監督処分として，1年以内の期間を定めて，業務の全部または一部の停止を命ぜられ，また情状が特に重いときは免許の取消しが行われる。

なお，この規定は宅建業者間の取引には適用されない。

19 不当な履行遅延の禁止

宅建業者は，その業務に関してなすべき宅地もしくは建物の登記もしくは引渡しまたは取引にかかる**対価の支払いを不当に遅延する行為**をしてはならない（44条）。これは宅建業者に対し，不当に登記，引渡し，対価の支払いを遅延させてはならないということを求めたもので，信義誠実の原則の具体的な現れである。

ここでいう「**不当に遅延する行為**」とは，宅建業者が自ら自己の利益をうるためにまたは怠慢によって，約束の時期までに約束したことを実行しないことをいう。したがって，宅建業者の責めに帰さないやむを得ない事由によって履行が遅延した場合には，不当な履行の遅延とはならない。

なお，本条に違反した場合には，１年以内の期間を定めて，業務の全部または一部の停止を命ぜられ，または情状が特に重いときは，免許を取り消される。また，６月以下の懲役もしくは100万円以下の罰金に処せられ，またはこれを併科されることがある（81条）。

20 秘密を守る義務

⊕R1・R2・R3・R4

宅建業者は，正当な理由がある場合でなければ，その**業務上取り扱ったことについて知り得た秘密を他に漏らしてはならない**。また，宅建業を営まなくなった後であっても，同様に秘密を守らなければならない（45条）。この規定は，人には多かれ少なかれ保護されるべき秘密があるから，人の秘密を知りうる機会の多い専門職業家に対して，その秘密を守るべきことを義務づけたものである。

ここでいう「**正当な理由がある場合**」とは，①法律上秘密事項を告知する義務がある場合（たとえば，裁判所による調査嘱託，税務署による質問検査，警察署による捜査関係事項照会への回答等），②本人の承諾がある場合，③取引の相手方または第三者の正当な利益を保護することが，秘密の保持による当事者の利益よりも重要な場合（たとえば，売主が多大の債務をかかえており，近日中に目的物件について債権者から強制執行を受けるおそれがあるような場合）などが考えられる。

次に，宅建業者の使用人その他の従業者についても守秘義務

POINT
この守秘義務は，宅建業者および宅建業者の使用人その他の従業者にも課せられている

□**Challenge**
宅地建物取引業者は，宅地建物取引業を営まなくなった後であっても，その業務上取り扱ったことについて知り得た秘密を他に漏らしてはならない。

（○）

が課せられている。すなわち，使用人等は，正当な理由がなければ，「業務を補助したことについて知り得た秘密」を他に漏らしてはならない。このことは，宅建業者の使用人その他の従業者でなくなった後も同様である（75条の３）。

なお,法45条に違反した場合には，１年以内の期間を定めて，業務の全部または一部の停止を命ぜられ，または情状が特に重い場合には，免許の取消しが行われる。また，法45条ならびに法75条の３の規定に違反した者は，50万円以下の罰金に処せられることがある（83条１項)。ただし，この罪は，親告罪とされているので，被害者等が告訴しなければ公訴を提起することができない。

21 報酬額の制限

出R1・R2・R3・R4・R5

❶報酬の額の制限

POINT
宅建業者が受領することのできる報酬の額は，国土交通大臣の告示で定められている

宅建業者が，宅地建物の売買，交換または貸借の代理または媒介に関して受けることのできる報酬の額は，国土交通大臣が定めて官報に告示した額による。宅建業者は，この**国土交通大臣の定めた報酬の額**（昭和45年建設省告示第1552号「宅地建物取引業者が宅地又は建物の売買等に関して受けることができる報酬の額」）を超えて報酬を受けてはならない（46条)。

なお，報酬額の制限に違反した場合には，１年以内の期間を定めて，業務の全部または一部の停止を命ぜられ，または情状が特に重い場合には，免許の取消しが行われる。また，100万円以下の罰金に処せられることがある（82条)。

❷報酬額の掲示

POINT
依頼者のそれぞれ一方から受けることのできる限度額を定めている

宅建業者は，その**事務所ごと**に，公衆の見やすい場所に，国土交通大臣が定めた**報酬の額を掲示**しなければならない（46条４項)。

なお，報酬額を掲示しなかったときは，指示処分の対象とな

るほか，50万円以下の罰金に処せられることがある（83条）。

❸売買または交換の媒介に関する報酬の額

〔告　示〕 第2

宅建業者（課税事業者である場合に限る。第3から第5までおよび第7①において同じ）が宅地建物（建物の一部を含む。以下同じ）の**売買**または**交換の媒介**に関して依頼者から受けることのできる報酬の額（当該媒介にかかる消費税等相当額を含む）は，**依頼者の一方につき**，それぞれ，当該売買にかかる代金の額（当該売買にかかる消費税等相当額を含まないものとする）または当該交換にかかる宅地建物の価額（当該交換にかかる消費税等相当額を含まないものとし，当該交換にかかる宅地建物の**価額に差があるときは**，これらの価額のうち**いずれか多い価額とする**）を次の表の左欄に掲げる金額に区分してそれぞれの金額に同表の右欄に掲げる割合を乗じて得た金額を合計した金額以内とする。

200万円以下の金額	100分の5.5
200万円を超え400万円以下の金額	100分の4.4
400万円を超える金額	100分の3.3

この規定は，**依頼者のそれぞれ一方から受けることのできる限度額**を定めているので，依頼者の双方から報酬を受ける場合および依頼者の一方のみから報酬を受ける場合のいずれであっても，依頼者のそれぞれ一方から受ける報酬の額が，当該限度額以下でなければならない。

設　例

①　価額1,000万円の宅地の売買を媒介した場合（課税事業者）

$$200万円\times\frac{5.5}{100}+200万円\times\frac{4.4}{100}+600万円\times\frac{3.3}{100}=39万6,000円$$

また，簡易計算として，物件の価額が400万円以上の場合には，「代金の3％プラス6万円」で税別の報酬額を算出するこ

□**Challenge**
宅地建物取引業者Aは，甲から媒介の依頼を受け，宅地建物取引業者Bは，乙から媒介の依頼を受けて，AB共同して，甲乙間に，甲の所有する事業用の宅地及び建物の売買契約を成立させた。物件価額が宅地1,000万円，建物2,200万円（消費税額及び地方消費税額を含む）の場合，Aの受領することのできる報酬の上限額は105万6,000円である。なお，A・Bはいずれも消費税の課税事業者である。

（○）

とができる。

1,000万円×3％＋6万円＝36万円

36万円＋36万円×10％（消費税等相当額）＝39万6,000円

したがって，売主・買主それぞれに対し，39万6,000円を請求することができる。

② 価額1,000万円の宅地と価額1,200万円の宅地の交換を媒介した場合（課税事業者）

$$200万円\times\frac{5.5}{100}+200万円\times\frac{4.4}{100}+800万円\times\frac{3.3}{100}=46万2,000円$$

交換の場合は，物件の価額のうちいずれか多い価額をもととして請求できるので，交換の両当事者に対し，それぞれ46万2,000円を請求することができる。

また，**免税事業者の場合**には，上記によって計算した上限額から，消費税等相当額を差し引いた額が上限額となる。この場合，消費税の計算の基礎となる当該売買などにかかる代金の額は，代金にかかる消費税等（消費税および地方消費税）相当額を含まない本体価額（税抜価額）によることになっている。したがって，**簡易計算**（物件の価額が400万円を超える場合）の場合は次によることになる。

POINT
宅建業者が受領する売買または交換の媒介にかかる報酬は，媒介した物件が消費税の課税物件であるか非課税物件であるかを問わず課税される

① 課税事業者の場合の報酬額の上限

（消費税抜きの物件価額×3％＋6万円）＋消費税等相当額

② 免税事業者の場合の報酬額の上限

（消費税抜きの物件価額×3％＋6万円）＋消費税等相当額×不動産業のみなし仕入率40％

（注）免税事業者が行う宅地または建物の媒介または代理により請求することができる報酬の額は，報酬告示第2から第8までの規定により算出された額に110分の100を乗じて得た額と仕入れにかかる消費税等相当額を合計した金額を限度とすることになっている（報酬告示第9②）。これは，免税事業者が仕入れに際して消費税を負担して

いることを考慮し，仕入れにかかる消費税等相当額を価格に転嫁しようとしたものである。この場合の仕入率は，消費税法施行令57条３項で定められている不動産業のみなし仕入率40%（平成27年４月１日以後に開始する課税期間）が適用される。

設　例

売買または交換の媒介の事例

土地代金　4,000万円

建物代金　4,400万円

計　$4{,}000万円+4{,}400万円\times\frac{100}{110}=8{,}000万円$

1　課税事業者

①　報酬額の限度額（依頼者の一方から）

報酬額（簡易計算）

8,000万円×３%＋６万円＝246万円

②　消費税等相当額

246万円×10%＝24万6,000円

③　合計額　270万6,000円

2　免税事業者

①　報酬額の限度額（依頼者の一方から）

報酬額（簡易計算）

8,000万円×３%＋６万円＝246万円

②　みなし仕入率にかかる消費税等相当額

246万円×10%×40%＝９万8,400円

③　合計額　255万8,400円

POINT
建物の売買については消費税が課税されるが，土地については課税されない

❹売買または交換の代理に関する報酬の額

〔告　示〕第3

宅建業者が宅地建物の**売買交換の代理**に関して依頼者から受けることのできる報酬の額は，**第２の計算方法により算出した**

金額の2倍以内とする。ただし，宅建業者が**当該売買または交換の相手方から報酬を受ける場合**においては，その報酬の額と代理の依頼者から受ける報酬の額の合計額が第2の計算方法により算出した金額の2倍を超えてはならない。

「第2の計算方法により算出した金額の2倍」とは，売買にかかる代金の額または交換にかかる宅地建物の価額を，次に掲げる区分に応じ，それぞれの割合を乗じて得た金額を合計した金額をいう。

200万円以下の金額	100分の11.0
200万円を超え400万円以下の金額	100分の 8.8
400万円を超える金額	100分の 6.6

また,**「当該売買または交換の相手方から報酬を受ける場合」**とは，代理行為とあわせて媒介的行為が行われる場合に，代理の依頼のほか，売買または交換の相手方からも報酬を受けることをいう。この場合にも，代理の依頼者から受ける報酬の額と売買または交換の相手方から受ける報酬の額の合計額が,「第2の計算方法により算出した金額の2倍」を超えてはならない。

設　例

価額1,000万円の宅地の売買を代理した場合（課税事業者）

$$200万円\times\frac{11.0}{100}+200万円\times\frac{8.8}{100}+600万円\times\frac{6.6}{100}=79万2,000円$$

したがって，売買または交換を依頼した者などに対し，79万2,000円を請求することができる。

□Challenge

宅地建物取引業者Aは，宅地を自ら売主として売却するため，他の取引業者B（消費税課税事業者）にその代理を依頼し，取引業者Cに1億円で売却する契約を締結した。この場合，BがCから契約の締結に関し330万円の報酬を受けたときであっても, Bは, Aから440万円の代理の報酬を受け取ることができる。

（×）

❺貸借の媒介に関する報酬の額

〔告　示〕第4

宅建業者が宅地建物の**貸借の媒介**に関して依頼者の双方から受けることのできる報酬の額の合計額は，当該宅地建物の借賃（当該貸借にかかる消費税等相当額を含まないものとし，当該

POINT

報酬の合計額の限度額は，借賃の1月分に相当する金額以内である

媒介が使用貸借にかかるものである場合においては，当該宅地建物の通常の借賃をいう。以下同じ）の１月分の1.1倍**に相当する金額以内**とする。この場合において，居住の用に供する建物の賃貸借の媒介に関して依頼者の一方から受けることのできる報酬の額は，当該媒介の依頼を受けるにあたって当該依頼者の承諾を得ている場合を除き，**借賃の１月分の**0.55倍**に相当する金額以内**とする。

前段の規定は，**報酬の合計額の限度額**のみを定めたもので，依頼者のそれぞれ一方から受ける報酬の額，割合等については特段の規制がない。したがって，報酬の合計額がこの限度内であれば依頼者の双方からどのような割合で報酬を受けてもよいし，また，依頼者の一方のみから報酬を受けることもできる。

後段の規定は，居住の用に供する建物の賃貸借の媒介に関する報酬について，前段に規定する報酬額の合計額の範囲内において，依頼者の一方から受けることのできる限度額を定めている。したがって，依頼者の双方から報酬を受ける場合および依頼者の一方のみから報酬を受ける場合のいずれにおいても，**依頼者の一方から受ける報酬の額が当該限度額以下**でなければならない。ただし，当該依頼者から承諾を得ている場合には，借賃の１月分の0.55倍に相当する金額以上の報酬を受けることができるが，報酬の合計額が借賃の１月分の1.1倍に相当する金額を超えてはならない。

❻貸借の代理に関する報酬の額

〔告　示〕　第５

宅建業者が宅地建物の**貸借の代理**に関して依頼者から受けることのできる報酬の額は，当該宅地建物の**借賃の**１月分の1.1倍**に相当する金額以内**とする。ただし，宅建業者が当該貸借の相手方から報酬を受ける場合においては，その報酬の額と代理の依頼者から受ける報酬の額の合計額が**借賃の**１月分の1.1倍

に相当する金額を超えてはならない。

「**当該貸借の相手方から報酬を受ける場合**」とは，代理行為とあわせて媒介的行為が行われる場合に，代理の依頼者のほか貸借の相手方からも報酬を受ける場合をいう。この場合にも，代理の依頼者から受ける報酬の額と貸借の相手方から受ける報酬の額の合計額が，借賃の１月分の1.1倍に相当する金額を超えてはならない。

❼権利金の授受がある場合の特例

〔告　示〕第６

宅地建物（**居住用建物を除く**）の賃貸借で**権利金**（権利金その他いかなる名義をもってするかを問わず，権利設定の対価として支払われる金銭であって返還されないものをいう）の授受があるものの代理または媒介に関して依頼者から受ける報酬の額（当該代理または媒介にかかる消費税等相当額を含む）については，第４または第５の規定にかかわらず，当該権利金の額（当該貸借にかかる消費税等相当額を含まないものとする）を**売買にかかる代金の額**とみなして，第２または第３の規定によることができる。

この規定は，居住の用に供する建物の賃貸借の代理または媒介に関する報酬の額については適用されない。

また，「**権利金**」とは，名義のいかんを問わず，権利設定の対価として支払われる金銭であって**返還されない**ものをいう。したがって，権利金，礼金等賃貸借契約終了時に賃貸人から賃借人に返還されない金銭はこれに該当するが，敷金等賃貸借契約終了時に賃貸人から賃借人に返還される金銭はこれに該当しない。

POINT
この特例は，居住の用に供する建物の賃貸借には適用されない

□**Challenge**
宅地建物取引業者Ａ（消費税課税事業者）が，店舗用建物の賃貸借で貸主と借主双方から媒介を依頼され１カ月当たり借賃50万円，権利金1,000万円（権利設定の対価として支払われる金銭であって返還されないもの）の契約を成立させた場合，双方から受けることのできる報酬額の合計は55万円以内である。

（×）

設　例

店舗の賃借料８万円，権利金200万円（権利設定の対価として支払われるもので，返還されないものをいう）とする賃貸借を媒介した場合（課税事業者）

$$200万円 \times \frac{5.5}{100} = 11万円$$

居住の用に供する建物以外の建物の賃貸借で権利金の授受があるものの媒介をした場合は，当該権利金の額を売買にかかる代金の額とみなして，報酬の額を計算することができる。したがって，貸主・借主の双方に対し，それぞれ11万円を請求することができる。

❽空家等の売買または交換における特例

〔告　示〕第７

低廉な空家等（売買にかかる代金の額（当該売買にかかる消費税等相当額を含まないものとする）または交換にかかる宅地建物の価額（当該交換にかかる消費税等相当額を含まないものとし，当該交換にかかる宅地建物の価額に差があるときは，これらの価額のうちいずれか多い価額とする）が400万円以下の金額の宅地又は建物をいう。以下「空家等」という）**の売買または交換の媒介**であって，通常の売買または交換の媒介と比較して**現地調査等の費用**を要するものについては，宅建業者が空家等の売買または交換の媒介に関して依頼者（空家等の売主または交換を行う者である依頼者に限る）から受けることのできる報酬の額（当該媒介に係る消費税等相当額を含む。以下この規定において同じ）は，第２の規定にかかわらず，第２の計算方法により算出した金額と当該現地調査等に要する費用に相当する額を合計した金額以内とする。この場合において，当該依頼者から受ける報酬の額は18万円の1.1倍に相当する金額を超えてはならない。

□**Challenge**
土地（代金350万円。消費税等相当額を含まない。）の売買について，宅地建物取引業者Ａ（消費税課税事業者）が売主Ｂから媒介を依頼され，現地調査等の費用が通常の売買の媒介に比べ２万円（消費税等相当額を含まない。）多く要する場合，その旨をＤに対し説明した上で，ＡがＢから受け取ることができる報酬の上限額は198,000円である。

（○）

〔告　示〕第8

空家等の売買または交換の代理であって，通常の売買または交換の代理と比較して**現地調査等の費用**を要するものについては，宅建業者が空家等の売買または交換の代理に関して依頼者（空家等の売主または交換を行う者である依頼者に限る）から受けることのできる報酬の額（当該代理にかかる消費税等相当額を含む。以下この規定において同じ）は，第3の規定にかかわらず，第2の計算方法により算出した金額と第7の規定により算出した金額を合計した金額以内とする。ただし，宅建業者が当該売買または交換の相手方から報酬を受ける場合においては，その報酬の額と代理の依頼者から受ける報酬の額の合計額が第2の計算方法により算出した金額と第7の規定により算出した金額を合計した金額を超えてはならない。

低廉な空家等の売買・交換の媒介では，通常と比較して現地調査等の費用を要するものについて，媒介報酬の限度額の計算方法により算出した金額と，現地調査等に要する費用に相当する額を合計した金額以内(19万8,000円限度。人件費等を含む)で報酬を請求することができる（告示第7）。なお，この特例に基づき受けることのできる報酬は，空家等の**売主**または**交換の依頼者**から受けるものに限られる。相手方から受ける報酬については，一般の計算方法による。

POINT
あらかじめ説明し，両者間で合意する必要がある

代理に関しても，媒介報酬の限度額の計算方法により算出した金額と，告示第7の特例規定により算出した金額を合計した金額以内で報酬を受けることができる。ただし，売買・交換の相手方から報酬を受ける場合においては，その報酬の額と代理の依頼者から受ける報酬の額の合計額が，媒介報酬の限度額の計算方法により算出した金額と告示第7の特例規定により算出した金額を合計した金額を超えてはならない（告示第8）。

「当該現地調査等に要する費用に相当する額」とは，人件費

等を含むものであり，宅建業者は，媒介契約の締結に際し，あらかじめ報酬額について空家等の売主または交換の依頼者に対して説明し，両者間で合意する必要がある。

❾第２から第８までの規定によらない報酬の受領の禁止

〔告　示〕第９

①宅建業者は，宅地建物の売買，交換または貸借の代理または媒介に関し，第２から第８までの規定によるほか，報酬を受けることができない。ただし，依頼者の依頼によって行う広告の料金に相当する額については，この限りでない。

②消費税法９条１項本文の規定により消費税を納める義務を免除される宅建業者が，宅地建物の売買，交換または貸借の代理または媒介に関し受けることができる報酬の額は，第２から第８までの規定に準じて算出した額に110分の100を乗じて得た額，当該代理または媒介における仕入れにかかる消費税等相当額および①ただし書に規定する額を合計した金額以内とする。

POINT
依頼者の特別の依頼によって支出する特別の費用で，その負担について事前に依頼者の承諾があるものを別途受領することまでは禁止していない

宅建業者は，告示第２から第８までの規定によるほかは，依頼者の依頼によって行う広告の料金に相当する額を除いて報酬を受けることができない。したがって，**案内料，申込料や依頼者の依頼によらないで行う広告の料金に相当する額の報酬を受領することはできない**。しかし，依頼者の特別の依頼によって，宿泊を要する遠距離に所在する物件の実地調査，相手方との交渉等を行った場合には，仮に取引が不成立に終わっても，交通費および宿泊料の実費を請求することができる。

22 業務に関する禁止事項等

R1・R2・R3・R4・R5

❶宅地建物取引業者に対する禁止事項

宅建業者は，その業務に関して，取引業者の相手方等（宅地

建物の売買，交換もしくは貸借の相手方もしくは代理を依頼した者または宅建業者が行う媒介にかかる売買，交換もしくは貸借の各当事者）に対し，次に掲げる行為をしてはならない（47条）。

① 宅地建物の売買，交換もしくは貸借の契約の締結について勧誘をするに際し，またはその契約の申込みの撤回もしくは解除もしくは宅建業に関する取引により生じた債権の行使を妨げるため，次のいずれかに該当する事項について，故意に事実を告げず，または不実のことを告げる行為

(1) 法35条（重要事項の説明等）1項各号または2項各号に掲げる事項

(2) 法35条の2（供託所等に関する説明）各号に掲げる事項

(3) 法37条（書面の交付）1項各号または2項各号（1号を除く）に掲げる事項

(4) 上記のほか，宅地建物の所在，規模，形質，現在もしくは将来の利用の制限，環境，交通等の利便，代金，借賃等の対価の額もしくは支払方法その他の取引条件または当該宅建業者もしくは取引の関係者の資力・信用に関する事項であつて，取引の相手方等の判断に重要な影響を及ぼすこととなるもの

② 不当に高額の報酬を要求する行為（同条2号）

これは，**要求する行為を禁止**しているのであるから，たとえば，報酬告示に定められた報酬の額の倍額を要求したが，交渉の結果，定められた報酬額だけ受け取っても，本条の違反となる。すなわち，「要求する行為」であるから，実際に受領したかどうかは問題ではない。

③ 手付について貸付けその他信用の供与をすることにより契約の締結を誘引する行為（同条3号）

宅建業者の中には，手付金に相当する金銭を貸し付けまたは立て替えることを条件に，その場で売買等の締結を誘

POINT

本条では，次の行為を行うことを禁止している
①重要な事実の不告知等
②不当に高額の報酬の要求の禁止
③手付貸与の禁止

□**Challenge**

宅地建物取引業者Aは，宅地の所有者Bの依頼を受けてBC間の宅地の売買の媒介を行うこととした。この場合，Aは，B及びCに対し，手付金について当初Bが提示した300万円を200万円に減額するという条件で，BC間の売買契約の締結を誘引し，その契約を締結させても宅地建物取引業法違反にはならない。

（○）

引し，また，立替金等については，借用書をとったり，その担保として約束手形を振り出させたりすることがあるので，これらの行為を禁止したものである。

なお，この規定に違反した場合には，1年以内の期間を定めて，業務の全部または一部の停止を命ぜられ，または情状が特に重い場合には，免許を取り消される。また，法47条1号に掲げる行為をした者は2年以下の懲役もしくは300万円以下の罰金に（79条の2），同条2号に掲げる行為をしたときは1年以下の懲役もしくは100万円以下の罰金（80条），また，同条3号に掲げる行為をしたときは，6月以下の懲役もしくは100万円以下の罰金に処せられ，またはこれを併科されることがある（81条）。

❷宅地建物取引業者等に対する禁止事項

宅建業者またはその代理人，使用人その他の従業者（宅建業者等）は，宅建業者の相手方等に対し，次に掲げる行為をしてはならない（47条の2）。

① 宅建業者等は，宅建業にかかる**契約の締結の勧誘**をするに際し，相手方等に対し，利益を生ずることが確実であると誤解させるべき**断定的判断を提供する行為**をしてはならない（同条1項）。

② 宅建業者等は，宅建業にかかる**契約を締結**させ，または宅建業にかかる**契約の申込みの撤回もしくは解除**を妨げるため，相手方等を**威迫**してはならない（同条2項）。

③ 宅建業者等は，上記の①，②に定めるもののほか，宅建業にかかる契約の締結に関する行為または申込みの撤回もしくは解除の妨げに関する行為であって，**相手方等の利益の保護に欠けるもの**として次に掲げる行為をしてはならない（同条3項，則16条の12）。

(1) 契約の締結の勧誘をするに際し，次の行為をすること。

a．契約の目的物である宅地または建物の将来の環境や

POINT
本条では，宅建業者および従業者に対し，次の事項を禁止している
①断定的判断の提供の禁止
②威迫行為の禁止
③相手方等の保護に欠ける行為の禁止

交通その他の利便について誤解させるべき断定的判断を提供すること。

b．正当な理由なく，契約を締結するかどうかを判断するために必要な時間を与えることを拒むこと。

c．勧誘に先立って商号・名称，勧誘を行う者の氏名，当該契約の締結について勧誘をする目的である旨を告げずに，勧誘を行うこと。

d．相手方等が契約を締結しない旨の意思（勧誘を引き続き受けることを希望しない旨の意思を含む）を表示したにもかかわらず，当該勧誘を継続すること。

e．迷惑を覚えさせるような時間に電話・訪問すること。

f．長時間の勧誘その他の私生活または業務の平穏を害するような方法によりその者を困惑させること。

(2) 相手方等が契約の申込みの撤回を行うに際し，すでに受領した預り金を返還することを拒むこと。

(3) 相手方等が手付を放棄して契約の解除を行うに際し，正当な理由なく当該契約の解除を拒み，または妨げること。

□**Challenge**
宅地建物取引業者Aは，自ら売主として，宅地建物取引業者でないBとの間で3,000万円の宅地の売買契約を締結したが，契約前に当該宅地の周辺の価格が値上がりしているので，2年後には，当該宅地の価格が上昇し，Bが転売によって利益を得ることが確実である旨の説明を行っても，宅地建物取引業法違反とはならない。

（×）

❸宅地建物取引業の業務に関し行った行為の取消しの制限

宅建業者（個人に限り，未成年者を除く）が宅建業の業務に関し行った行為は，行為能力の制限によっては取り消すことができない（47条の3）。

23 その他の義務

㊉R1・R2・R3・R4・R5

❶証明書の携帯等

宅建業者は，**従業者に，その従業者であることを証する証明書を携帯**させなければ，その者をその業務に従事させてはならない(48条1項)。また，従業者は，取引の関係者の請求があったときは，その証明書を提示しなければならない(同条2項)。

宅建業者は，その**事務所ごと**に，従業者証明書の発行台帳として従業者名簿を備え，従業者の氏名，従業者証明書番号，生年月日，主たる職務内容，宅建士であるか否かの別，従業者となった年月日などの事項を記載し，最終の記載をした日から10年間**保存**しなければならない（同条３項，則17条の２）。また，宅建業者は，取引の関係者から請求があったときは，従業者名簿をその者の閲覧に供しなければならない（48条４項）。

なお，従業者証明書携帯義務違反，従業者名簿備付義務違反に対しては，１年以内の期間を定めて，業務の全部または一部の停止を命ぜられ，情状が特に重い場合には免許の取消しが行われる。また，宅建業者が，その従業者に証明書を携帯させずに，その者をその業務に従事させた場合，および従業者名簿を備えず，または法令で定められた事項を記載せず，もしくは虚偽の記載をした場合には，50万円以下の罰金に処せられる（83条）。

□**Challenge**
宅地建物取引業者の従業者である宅地建物取引士は，取引の関係者から従業者証明書の提示を求められたときは，この証明書に代えて宅地建物取引士証を提示してもよい。

(×)

❷帳簿の備付け

宅建業者は，その**事務所ごと**に，その業務に関する帳簿**を備**え，宅建業に関し取引のあったつど，その年月日，その取引にかかる宅地建物の所在および面積その他国土交通省令で定める事項を記載しなければならない（49条）。

また，帳簿の記載事項は施行規則18条１項に定められており，同条３項では，帳簿は各事業年度の末日をもって閉鎖し，閉鎖後５年間（宅建業者が自ら売主となる新築住宅にかかるものにあっては10年間）**保存**しなければならないと規定している。

なお，宅建業者がこの規定に違反した場合には，指示処分の対象となる。また，帳簿を備え付けず，または記載すべきこととされている事項を記載せず，もしくは虚偽の記載をしていた場合には，50万円以下の罰金に処せられることがある（83条）。

POINT
帳簿の記載事項は，取引態様の別，当事者の氏名・住所，取引に関与した他の業者の商号等である

❸標識の掲示等

● 標識の掲示

宅建業者は，その**事務所等**（事務所および専任の宅建士を設

宅地建物取引業者票	
免許証番号	国土交通大臣 知事　（　）第　号
免許有効期間	年　月　日から 年　月　日まで
商号又は名称	
代表者氏名	
この事務所に置かれている専任の宅地建物取引士の氏名	
主たる事務所の所在地	電話番号（　）

35 cm以上　30cm以上

置しなければならない案内所等）および**事務所等以外の国土交通省令で定めるその業務を行う場所**ごとに，公衆の見やすい場所に，商号または名称および免許証番号等を記載した国土交通省令で定める標識（宅地建物取引業者票）を掲げなければならない（50条1項）。

国土交通省令で定める場所としては，施行規則19条1項で次のように定めている。

① 継続的に業務を行うことができる施設を有する場所で事務所以外のもの

② 一団の宅地建物の分譲（10区画以上の一団の宅地または10戸以上の一団の建物の分譲）をする場合における当該宅地建物の所在する場所

③ 上記②の場合の案内所

④ 他の宅建業者が行う一団の宅地建物の分譲の代理または媒介を行う場合の案内所

⑤ 宅建業者が業務に関し展示会その他これに類する催しを実施する場所

□**Challenge**
宅地建物取引業者Aが一団の宅地建物の分譲を行うに当たり案内所を設置したが，当該案内所では契約行為等を行わない場合でも，宅地建物取引業法第50条に規定する標識を掲げなければならない。

（○）

POINT
専任の宅建士の設置義務のない案内所等にはクーリング・オフ制度の適用がある旨を表示した標識を掲げなければならない

事務所・案内所等のまとめ

事務所・案内所等の範囲		専任宅地建物取引士の設置	営業保証金の供託	クーリング・オフの適用	報酬額の掲示	標識の掲示	案内所等の届出
事務所等	**事務所**（法3条1項，令1条の2） ① 本店または支店 ② 継続的に業務を行うことができる施設を有する場所で，宅建業にかかる契約を締結する権限を有する使用人を置くもの	○ 5人に1人以上の割合	○	×	○	○	−
	契約行為等を行う案内所等（法31条 の3第1項，則15条の5の2） ① 継続的に業務を行うことができる施設を有する場所で事務所以外のもの ② 10区画以上の一団の宅地・建物の分譲を行う場合に設置した案内所 ③ 他の業者が行う一団の宅地・建物の分譲の代理・媒介を案内所を行う場合に設置した案内所 ④ 業務に関し展示会その他これに類する催しを実施する場所	○ 1人以上	×	× 土地に定着する建物内に設けられるものに限られる	×	○	○
契約行為等を行わない案内所等（法50条1項，則19条1項） ① 上記①～④ ② 一団の宅地・建物の分譲をする場合における当該宅地・建物の所在する場所		×	×	○	×	○	×

案内所等の届出

宅建業者は，**専任の宅建士の設置が義務づけられている案内所等**（法31条の3第1項の国土交通省令で定める場所）については，所在地，業務内容，業務を行う期間，および専任の宅建士の氏名を，当該場所において，**業務を開始する日の10日前まで**に，免許を受けた**国土交通大臣**または**都道府県知事**およびその**所在地を管轄する都道府県知事**に届け出なければならない（50条2項，則19条3号）。たとえば，6月12日から業務を開始する場合には，遅くとも，6月1日に届け出なければならない。

POINT
国土交通大臣（地方整備局等）は，届出を受理した場合には，届出書類の写しを本店の所在地を管轄する都道府県知事に送付しなければならない（78条の3。令和6年5月25日施行）

なお，本条に違反した場合には，指示処分の対象となるほか，標識を掲げなかった場合および届出をせず，または虚偽の届出をした者は，50万円以下の罰金に処せられる（83条）。

❹人の死の告知に関するガイドライン

「宅地建物取引業者による人の死の告知に関するガイドライン」は，不動産取引にあたって，取引の対象不動産において過去に生じた人の死に関する事案について，宅建業者による適切な調査や告知にかかる判断基準がなく，取引現場の判断が難しいことで，円滑な流通や，安心できる取引が阻害されているとの指摘があることから，国土交通省がとりまとめ，令和3年10月8日に公表したものである。

売主である宅建業者や，媒介・代理を行う宅建業者は，宅建業法上，取引物件や取引条件に関する事項であって，**相手方等の判断に重要な影響を及ぼすこととなるもの**について，**故意に事実を告げず**，または**不実のことを告げる行為**が禁じられており（法47条1号ニ），こうした事案の存在が相手方等の判断に重要な影響を及ぼすと考えられる場合には，当該事案の存在について事実を告げる必要がある。

ガイドラインは，過去に人の死が生じた居住用不動産の取引に際して，宅建業者がとるべき対応に関し，宅建業法上負うべき義務の解釈について，一般的に妥当と考えられるものについて整理されており，次のような対応の基準を示している。

① 宅建業者が媒介を行う場合，売主・貸主に対し，過去に生じた人の死について，告知書（物件状況等報告書）等に記載を求めることで，通常の情報収集としての調査義務を果たしたものとされる。

② 取引の対象不動産で発生した自然死・日常生活の中での不慮の死（転倒事故，誤嚥など）については，原則として告げなくてもよい。

③ 賃貸借取引の対象不動産・日常生活において通常使用する必要がある集合住宅の共用部分で発生した自然死・日常

生活の中での不慮の死以外の死，特殊清掃等が行われた自然死・不慮の死が発生し，事案発生（特殊清掃等が行われた場合は発覚）からおおむね３年が経過した後は，原則として告げなくてもよい。

④ 人の死の発生から経過した期間や死因にかかわらず，買主・借主から事案の有無について問われた場合や，社会的影響の大きさから買主・借主が把握しておくべき特段の事情があると認識した場合等は，事案の発生時期（特殊清掃等が行われた場合は発覚時期），場所，死因（不明である場合にはその旨）および特殊清掃等が行われた場合はその旨を告げる必要がある。

なお，買主・借主に告げる際には，亡くなった人やその遺族等の名誉および生活の平穏に十分配慮し，これらを不当に侵害することのないようにする必要があることから，氏名，年齢，住所，家族構成や具体的な死の態様，発見状況等を告げる必要はない。また，後日のトラブル防止の観点から，書面の交付等によることが望ましい。

❺犯罪収益移転防止法による取引時確認義務 ―――――――― R4

宅建業者は，犯罪収益移転防止法の対象となる特定事業者とされており，宅地建物の売買契約の締結またはその代理・媒介（特定取引）に際して，顧客等に対する**取引時確認等**を行うことが義務づけられている（同法２条42号，４条１項）。

5 宅地建物取引業保証協会

1 指　定

令R3

POINT
集団保証による消費者の保護と，宅建業者の負担の軽減を図ることを目的としている

国土交通大臣は，次に掲げる要件を備える者から申請があった場合には，その者がその業務の全部について適正な計画を有し，かつ，確実にその業務を行うことができると認められるときは，その者を**宅地建物取引業保証協会**（以下「保証協会」という）**として指定**することができる（64条の2）。

① 一般社団法人であること。

② 宅建業者のみを社員とするものであること。

③ 保証協会の指定を取り消され，その取消しの日から5年を経過しない者でないこと。

④ 役員のうちに，次のいずれかに該当する者がないこと。

⑴ 法5条1項1号から8号までのいずれかに該当する者

⑵ 保証協会がその指定を取り消された場合において，当該取消しにかかる聴聞の期日および場所の公示の日前60日以内にその役員であった者で，当該取消しの日から5年を経過しないもの

⑶ 精神の機能の障害により必要な認知，判断および意思疎通を適切に行うことができないため，保証協会の業務を適正に営むことができない者

国土交通大臣は，保証協会の指定をしたときは，その名称，住所および事務所の所在地等を官報で公示するとともに，当該保証協会の社員である取引業者が**免許を受けた都道府県知事**にその社員である旨を通知しなければならない（64条の2第2項）。

保証協会は，その名称，住所または事務所の所在地を変更しようとするときは，あらかじめ，その旨を国土交通大臣に届け出なければならない（64条の2第3項）。

□**Challenge**
保証協会は，宅地建物取引業者のみを社員とする一般社団法人のうちから国土交通大臣が指定したものである。

（○）

2 業　務

⊕R3・R4

POINT
苦情の解決，宅建業に関する研修，弁済業務は，保証協会の必須業務である

保証協会は，①苦情の解決，②宅建業に関する研修，③弁済業務の3つを適正かつ確実に実施しなければならない。また，任意業務として，④一般保証業務，⑤手付金等保管事業，⑥宅建業者を社員とする一般社団法人による宅建士等の研修実施費用の助成，⑦宅建業の健全な発達を図るため必要な業務を行うことができる（64条の3）。

❶苦情の解決

□**Challenge**
保証協会は，宅地建物取引業者の相手方から社員である宅地建物取引業者の取り扱った宅地建物取引業に係る取引に関する苦情について解決の申出があったときは，その申出及びその解決の結果について社員に周知することが義務付けられている。
（○）

保証協会は，宅建業者の相手方等から，社員の取り扱った宅建業にかかる取引に関する苦情について解決の申出があったときは，その相談に応じ，申出人に必要な助言をし，その苦情について事情を調査するとともに，当該社員に対しその苦情の内容を通知して，その迅速な処理を求めなければならない。また，保証協会は，苦情の解決について必要があると認めるときは，当該社員に対し，文書もしくは口頭による説明を求め，または資料の提出を求めることができる。この場合には，社員は正当な理由がある場合でなければ，これを拒むことができない（64条の5第1項ないし3項）。

❷宅地建物取引業に関する研修

保証協会は，一定の課程を定めて，宅建士の職務に関し必要な知識および能力についての研修，その他宅建業の業務に従事し，または従事しようとする者に対する宅建業に関する研修を実施しなければならない(64条の6)。

❸弁済業務

保証協会は，社員と宅建業に関し取引をした者（宅建業者を除く）の有する**その取引により生じた債権**に関し弁済する業務を行う。また，この債権には，社員が協会の社員となる前に宅建業に関し取引をした相手方等の有するものも含まれる（64条の3第1項3号)。なお，この業務は，保証協会の業務のうち，もっとも重要な業務である。

❹一般保証業務

POINT
国土交通大臣の承認を受けなければならない

保証協会は，上記の必須業務のほか，社員である宅建業者との契約により，その宅建業者が受領した支払金または預り金の返還債務，その他宅建業に関する債務を連帯して保証する業務（一般保証業務）を，**国土交通大臣の承認**を受けて，任意業務として行うことができる（64条の3第2項，64条の17第1項）。

❺手付金等保管事業

POINT
国土交通大臣の承認を受けたときは，指定保管機関の指定を受けたものとみなされる（64条の17の2第2項）

保証協会は，宅建業者を代理して手付金等を受領し，これを保管する事業を，**国土交通大臣の承認**を受けて，任意業務として行うことができる（64条の17の2第1項）。

なお，保証協会は，手付金等保管事業を廃止したときは，その旨を国土交通大臣に届け出なければならない（同条3項）。

❻宅地建物取引士等に対する研修の充実

保証協会は，全国の宅建業者を直接または間接の社員とする一般社団法人に対して，宅建士等に対する研修の実施に要する費用の助成をすることができる（64条の3第2項3号）。

なお，宅建業者を直接または間接の社員とする一般社団法人は，宅建士等がその職務に関し必要な知識および能力を効果的かつ効率的に習得できるよう，体系的な研修を実施するよう努めなければならないとされている（75条の2）。

❼宅地建物取引業の健全な発達を図るため必要な業務

保証協会は，国土交通大臣の承認を受けて，宅建業の健全な発達を図るため必要な業務を行うことができる（64条の3第3項）。これは，保証協会の業務である苦情の解決や研修のほか，宅建業者の業務処理態様の改善，資質の向上などの業務もあわせて行わせることにより，宅建業の健全な発達を図ることとしたものである。

3 社員の加入等

⊕R2・R3

一の保証協会の社員である者は，**他の保証協会の社員**となることはできない（64条の4第1項）。

保証協会は，新たに社員が加入し，または社員がその地位を失ったときは，ただちにその旨をその社員である取引業者がその**免許を受けた国土交通大臣または都道府県知事に報告**しなければならない（同条2項）。

また，保証協会は，社員が社員となる前に，その社員と宅建業に関し，取引をした者の有するその取引により生じた債権に関し，弁済が行われることにより社員となった以後の弁済業務の運営に支障があると認めるときは，その社員に対し，**担保の提供**を求めることができる（同条3項）。

4 弁済業務保証金

⊕R1・R2・R3・R4・R5

❶弁済業務保証金分担金の納付

宅建業者で，保証協会に新たに加入しようとする者は，**その加入しようとする日までに**，弁済業務保証金分担金を当該保証協会に納付しなければならない（64条の9第1項）。

弁済業務保証金分担金の額は，**主たる事務所につき60万円，その他の事務所につき事務所ごとに30万円**の割合による金額の**合計額**である（令7条）。

また，保証協会の社員は，上記の分担金を納付した後に，新たに事務所を設置したときは（事務所の増設を含む），その日から**2週間以内**に弁済業務保証金分担金を当該保証協会に納付しなければならない（64条の9第2項）。

なお，保証協会の社員は，これらに定められた期日までに，弁済業務保証金分担金を納付しないときは，**社員の地位**を失う（同条3項）。

営業保証金の額と弁済業務保証金分担金の額

	営業保証金の額	弁済業務保証金分担金の額
主たる事務所（本店）	1,000万円	60万円
その他の事務所（支店・営業所等）	事務所ごとに500万円	事務所ごとに30万円

❷弁済業務保証金の供託

保証協会は，弁済業務保証金分担金の納付を受けたときは，**その日から1週間以内**に，その納付を受けた額に相当する額を，**法務大臣および国土交通大臣の定める供託所に供託**しなければならない（64条の7第1項，2項）。

なお，弁済業務保証金は国債，地方債その他国土交通省令で定める有価証券をもって充てることができる。また，保証協会は，弁済業務保証金を供託したときは，その供託物受入れの記載のある供託書の写しを添付して，当該供託にかかる社員である宅建業者が免許を受けた国土交通大臣または都道府県知事に，当該社員にかかる供託をした旨を届け出なければならない（同条3項）。

□**Challenge**
宅地建物取引業者A（甲県知事免許）が甲県内に新たに支店を2か所設置したときは，その日から1週間以内に弁済業務保証金分担金120万円を保証協会に納付しなければならない。

❸弁済業務保証金の還付等

保証協会の社員と宅建業に関し取引をした者（社員とその者が社員となる前に宅建業に関し取引をした者を含み，宅建業者に該当する者を除く）は，**その取引により生じた債権**に関し，当該社員が社員でないとしたならばその者が供託すべき**営業保証金に相当する額の範囲内**（当該社員について弁済を受けることができる額について，すでに協会が認証した額があるときはその額を控除し，還付充当金の納付を協会が受けているときは，その額を加えた額の範囲内）において，**当該保証協会が供託した弁済業務保証金**について，当該保証協会について国土交通大臣の指定する弁済業務開始日以後，**弁済を受ける権利**を有する（64条の8第1項）。

POINT
弁済業務保証金について，供託所に対し還付請求をしようとする者は，還付金の額について，保証協会の認証を受けなければならない

（×）

上記の権利を有する者が，その権利を実行しようとするときは，弁済を受けることができる額について，**当該保証協会の認証を受けなければならない**（同条２項）。

また，保証協会は，弁済を受ける権利を有する者から権利の実行があった場合には，その旨の通知書の送付を受けた日から**２週間以内**に，その権利の実行により還付された弁済業務保証金に相当する額の弁済業務保証金を供託し，その旨を当該供託にかかる社員である取引業者が免許を受けた国土交通大臣または都道府県知事に，当該社員にかかる供託をした旨を届け出なければならない（同条３項，４項）。

□**Challenge**
390万円の分担金を納付して保証協会の社員となった者との宅地建物の取引に関し債権を有する者は，5,500万円を限度として，当該保証協会が供託している弁済業務保証金から弁済を受ける権利を有する。

設 例

宅建業者Ａは，90万円の弁済業務保証金分担金を納付して保証協会の社員となった。このＡと宅地建物の取引をしたＢが，その取引に関して債権を有するときは，1,500万円を限度として保証協会の弁済業務保証金から還付を受けることができる。ただし，すでに他の債権者が500万円の認証を受けているときは，1,000万円について還付を受けることになる。

❹還付充当金の納付等

保証協会は，権利の実行により弁済業務保証金の還付があったときは，当該還付にかかる社員に対して，還付額に相当する額の還付充当金を保証協会に納付すべきことを通知しなければならない。この通知を受けた社員は，その**通知を受けた日から２週間以内**に，その通知された額の還付充当金を保証協会に納付しなければならない。この期間内に**還付充当金を納付**しないときは，社員はその地位を失う（64条の10）。

❺弁済業務保証金の取戻し等

保証協会は，①**社員が社員の地位を失ったとき**は，当該社員であった者が納付した弁済業務保証金分担金の額に相当する額の弁済業務保証金を，また，②**社員がその一部の事務所を廃止**

（×）

したときは，その超過額に相当する額の弁済業務保証金を取り戻すことができる。この場合には，その社員であった者または社員に対し，その取り戻した額に相当する額の**弁済業務保証金分担金を返還**しなければならない（64条の11第1項，2項）。

この場合，保証協会は，①**社員が社員の地位を失ったときは**，その社員と宅建業に関する取引により生じた債権に関し，弁済業務保証金の還付を受ける権利を有する者に対し**6月を下らない期間**内に認証を受けるべき旨を公告し，その期間が経過した後に弁済業務保証金分担金を返還する。また，②**保証協会がその社員に対し債権を有するときは**，その債権の弁済が完了した後に，保証協会は，その社員に関し弁済業務保証金の還付について認証し，その認証した額に相当する還付充当金の弁済がされた後に，弁済業務保証金分担金を返還することになる（64条の11第3項，4項）。

□**Challenge**
宅地建物取引業者Aが保証協会の社員としての地位を失ったため営業保証金を供託したときは，保証協会は，弁済業務保証金の還付請求権者に対する公告を行うことなく，Aに対し弁済業務保証金分担金を還付することができる。

（×）

❻弁済業務保証金準備金の積立等

保証協会は，還付充当金の納付がなかったときの弁済業務保証金の供託に充てるため，弁済業務保証金から生ずる利息または配当金を**弁済業務保証金準備金として積み立て**なければならない（64条の12第1項，2項）。

POINT
還付充当金の納付がなかったときの弁済業務保証金の供託に充てるため，弁済業務保証金準備金を積み立てる

保証協会は，当該準備金を弁済業務保証金に充ててなお不足するときは，その不足額に充てるため，全社員に対し弁済業務保証金分担金の額に応じ，**特別弁済業務保証金分担金**を保証協会に納付すべきことを通知しなければならない。

この通知を受けた社員は，その通知を受けた日から**1月以内**に，その通知された額の特別弁済業務保証金分担金を保証協会に納付しなければならない。この期間内に特別弁済業務保証金分担金を納付しないときは，社員はその地位を失う（同条3項ないし5項）。

なお，弁済業務保証金準備金の額が国土交通省令で定める額を超えることとなるときは，保証協会の業務の実施に要する費用に充て，または宅建業の健全な発達に寄与する事業に出捐（しゅつえん）するため，国土交通大臣の承認を受けて，その超過額の弁済業務保証金準備金を取り崩すことができる（同条７項）。

❼営業保証金の供託の免除

保証協会の社員は，保証協会の弁済業務開始日以後（64条の８第１項）においては，取引業者が供託すべき**営業保証金の供託が免除**される（64条の13）。この場合，すでに供託した営業保証金があるときは，法30条２項の規定による債権の申出をすべき旨の公告をすることなく，これを取り戻すことができる（64条の14）。

❽社員の地位を失った者の営業保証金の供託

宅建業者は，保証協会の弁済業務開始日以後に同協会の社員の地位を失ったときは，その**地位を失った日から１週間以内に**，営業保証金を主たる事務所の最寄りの供託所に供託しなければならない（64条の15）。

POINT
保証協会の社員は，保証協会の弁済業務開始日以後，営業保証金の供託が免除される

□**Challenge**
270万円の分担金を納付して保証協会の社員となった者が，当該保証協会の社員の地位を失ったときは，その地位を失った日から１週間以内に，4,500万円の営業保証金を供託しなければならない。

宅地建物取引業保証協会のしくみ

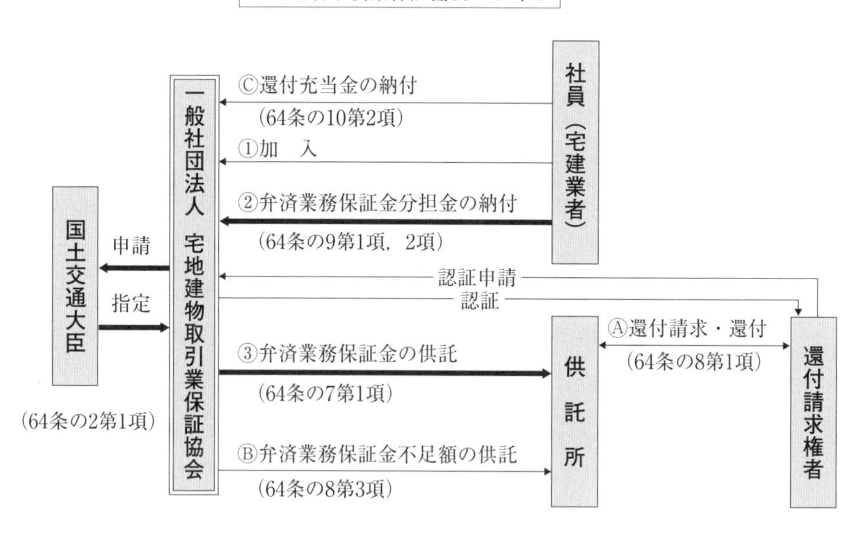

（○）

6 監督等

1 指　示

⊕R3

宅建業者が，この法律に規定する事項に違反した場合には，免許の取消しなどの処分を受けることがある。行政処分としては，指示・業務の停止・免許取消しの３つに分かれている。

POINT
宅建業者に対する監督処分として，指示，業務の停止，免許の取消しの３つがある

国土交通大臣または都道府県知事は，その免許を受けた宅建業者が次の事項に該当する場合には，その**宅建業者**に対し，**必要な指示**をすることができる（65条１項）。

① 業務に関し取引の関係者に損害を与えたとき，または損害を与えるおそれが大であるとき。

② 業務に関し取引の公正を害する行為をしたとき，または取引の公正を害するおそれが大であるとき。

③ 業務に関し他の法令に違反し，宅建業者として不適当であると認められるとき。

④ 宅建士が，事務の禁止処分または登録の消除を受けた場合において，宅建業者の責めに帰すべき事由があるとき。

⑤ この法律の規定もしくは特定住宅瑕疵担保責任の履行の確保等に関する法律（住宅瑕疵担保履行法）の住宅販売瑕疵担保保証金の供託等に関する規定に違反したとき。

また，都道府県知事は，国土交通大臣または他の都道府県知事の免許を受けた宅建業者で，**当該都道府県の区域内において業務**を行うものが，上記の事項のいずれかに該当する場合には，当該宅建業者に対して，当該都道府県の区域内における業務に関し，**必要な指示**をすることができる（65条３項）。

□**Challenge**
宅地建物取引業者Ａ（甲県知事免許）に対し，乙県知事が乙県の区域内における業務に関し指示の処分をした場合は，遅滞なく，その旨を甲県知事に通知しなければならない。

（○）

都道府県知事は，このような指示を行ったときは，遅滞なく，その旨を，免許を付与した国土交通大臣または他の都道府県知事に対し報告し，または通知をしなければならない（70条３

項)。

2 業務の停止

❶法65条2項の処分

国土交通大臣または都道府県知事は，その免許を受けた宅建業者が次に掲げる事項のいずれかに該当する場合には，当該宅建業者に対し，1年以内**の期間を定めて，その業務の全部もしくは一部の停止**を命ずることができる（同条2項)。

① 業務に関し他の法令に違反し，宅建業者として不適当であると認められるとき，または宅建士が事務の禁止等の処分を受けた場合において，宅建業者の責めに帰すべき事由があるとき。

② 名義貸しの禁止，宅建士の設置，営業保証金供託等のこの法律の規定もしくは住宅瑕疵担保履行法の住宅販売瑕疵担保保証金の供託等に関する規定に違反したとき。

③ 国土交通大臣または都道府県知事の指示に従わなかったとき。

④ この法律の規定に基づく国土交通大臣または都道府県知事の処分に違反したとき。

⑤ 上記②から④までのほか，宅建業に関し不正または著しく不当な行為をしたとき。

⑥ 営業に関し成年者と同一の行為能力を有しない未成年者である場合に，その法定代理人（法定代理人が法人の場合は，その役員を含む）が，業務の停止をしようとするとき以前5年以内に宅建業に関し不正または著しく不当な行為をしたとき。

⑦ 法人である場合において，その役員または政令で定める使用人（支店長，営業所長等）のうちに業務の停止をしようとするとき以前5年以内に，宅建業に関し不正または著

POINT
国土交通大臣または都道府県知事は，その免許を受けた宅建業者に対して業務の停止を命ずることができる

□**Challenge**
宅地建物取引業者A（甲県知事免許）が，乙県の区域内の業務に関し乙県知事から指示を受け，その指示に従わなかった場合には，甲県知事は，Aに対し業務停止の処分をすることができる。

（○）

しく不当な行為をした者があるに至ったとき。

⑧ 個人である場合において，政令で定める使用人のうちに業務の停止をしようとするとき以前5年以内に宅建業に関し不正または著しく不当な行為をした者があるに至ったとき。

❷法65条4項の処分

都道府県知事は，国土交通大臣または他の都道府県知事の免許を受けた宅建業者で，その**都道府県の区域内において業務**を行うものが，その都道府県の区域における業務に関し，次に掲げる事項のいずれかに該当する場合においては，その宅建業者に対し，1年以内の**期間を定めて，その業務の全部または一部の停止**を命ずることができる（同条4項）。

① 業務に関し他の法令に違反し，取引業者として不適当であると認められるとき，または宅建士が事務の禁止処分等を受けた場合において，宅建業者の責めに帰すべき事由があるとき。

② 名義貸しの禁止，宅建士の設置，誇大広告等の禁止の規定などに違反したとき。

③ 国土交通大臣または都道府県知事の指示に従わなかったとき。

④ この法律の規定に基づく国土交通大臣または都道府県知事の処分に違反したとき。

⑤ 上記②から④までのほか，不正または著しく不当な行為をしたとき。

POINT
都道府県知事は，国土交通大臣または他の都道府県知事の免許を受けた宅建業者で，その都道府県の区域内で業務を行うものに対して，業務の停止を命ずることができる

3 免許の取消し

国土交通大臣または**都道府県知事**は，その免許を受けた宅建業者が次に掲げる事項のいずれかに該当する場合には，**当該免許を取り消さなければならない**（66条1項）。

出R2・R3

POINT
免許の取消しは，その免許を与えた国土交通大臣または都道府県知事が行う

① 法５条１項１号，５号から７号まで，10号または14号のいずれか（18，20～22頁参照）に該当するに至ったとき。すなわち，免許を受けた宅建業者が，その後，成年被後見人，被保佐人または破産者となったり，禁錮以上の刑に処せられたり，この法律もしくは暴力団対策法に違反し，または刑法もしくは暴力行為等処罰法の罪を犯し罰金の刑に処せられたり，暴力団員等となったりした場合である。

② 営業に関し成年者と同一の行為能力を有しない未成年者である場合に，その法定代理人が法５条１項１号から７号まで，または10号のいずれかに該当するに至ったとき。

③ 法人である場合において，その役員または政令で定める使用人のうちに法５条１項１号から７号まで，または10号のいずれかに該当する者があるに至ったとき。

④ 個人である場合において，政令で定める使用人のうちに法５条１項１号から７号まで，または10号のいずれかに該当する者があるに至ったとき。

⑤ 法７条１項各号のいずれかに該当する場合において，法３条１項の免許を受けていないことが判明したとき。たとえば，国土交通大臣の免許を受けた宅建業者が，事務所の一部廃止により，都道府県知事の免許に該当するようになったにもかかわらず，都道府県知事の免許を受けないでいるような場合である。

⑥ 免許を受けてから１年以内に**事業を開始せず**，または**引き続いて**１年以上**事業を休止したとき**。

⑦ 廃業等の事実があるのに廃業等の届け出がなくて，このような事実が判明したとき。

⑧ 不正の手段により法３条１項の**免許を受けたとき**。

⑨ 法65条２項に定める**業務の停止事由**のいずれかに該当し，**情状がとくに重いとき**，または法65条２項もしくは４項の**業務の停止の処分に違反したとき**。

□**Challenge**
甲県知事の免許を受けた取引業者Ａが免許を受けてから１年以内に事業を開始しない場合において，事業を開始しなかったことについて正当な理由があるときは，甲県知事は，Ａの免許を取り消すことができない。

（×）

国土交通大臣または都道府県知事は，その免許を受けた宅建業者が法3条の2第1項の免許の条件の規定により付された条件に違反したときは，**その宅建業者の免許を取り消すことができる**（66条2項）。

また，**国土交通大臣または都道府県知事**は，その免許を受けた取引業者の事務所の所在地を確知できないとき，またはその免許を受けた宅建業者の所在（法人である場合には，その役員の所在をいう）を確知できないときは，官報または都道府県の公報でその事実を公告し，その公告の日から30日を経過しても**当該宅建業者から申出**がないときは，その**宅建業者の免許を取り消すことができる**（67条1項）。なお，この処分を行う場合，行政手続法第3章の不利益処分に関する規定は適用されない（同条2項）。

POINT
免許を取り消されたときには，遅滞なく，免許証を返納しなければならない（則4条の4）

4 宅地建物取引士に対する監督処分

⊕R2・R3・R5

❶事務の禁止等

① **都道府県知事**は，その登録を受けている宅建士が，次のaからcのいずれかに該当する場合には，その宅建士に対し，**必要な指示**をすることができる（68条1項）。

a 宅建業者に自己が専任の宅建士として従事している事務所以外の事務所の専任の宅建士である旨の表示をすることを許し，その宅建業者がその旨の表示をしたとき。

b 他人に自己の名義の使用を許し，その他人がその名義を使用して宅建士である旨の表示をしたとき。

c 宅建士として行う事務に関し，不正または著しく不当な行為をしたとき。

② 都道府県知事は，その登録を受けている宅建士が，前記①の事項に該当する場合またはその指示もしくは後記③の指示に従わない場合，その宅建士に対し，1年以内の期間

POINT
宅建士に対する監督処分は，必要な指示および事務の禁止処分ならびに登録の消除である
また，必要があると認められるときは，報告を求めることができる

を定めて，事務の禁止処分をすることができる（同条2項）。

③　都道府県知事は，当該都道府県の区域内において，他の都道府県知事の登録を受けている宅建士が前記①の事項に該当する場合には，その宅建士に対し，**必要な指示**をすることができる（同条3項）。

④　都道府県知事は，当該都道府県の区域内において，他の都道府県知事の登録を受けている宅建士が前記①の事項に該当する場合またはその指示もしくは前記③の指示に従わない場合には，その宅建士に対し，1年以内の期間を定めて，事務の禁止処分をすることができる（同条4項）。

POINT
都道府県知事は，当該都道府県の区域内において，他の都道府県知事の登録を受けている宅建士が一定の事由に該当するときは，指示処分または事務禁止処分とすることができる

❷登録の消除

都道府県知事は，その登録を受けている宅建士が，次の①から④のいずれかに該当する場合には，**当該登録を消除**しなければならない（68条の2第1項）。

①　法18条1項1号から8号まで，または12号のいずれかに該当するに至ったとき（28・29頁参照）。

②　不正の手段により登録を受けたとき。

③　不正の手段により宅建士証の交付を受けたとき。

④　事務禁止処分の対象事由のいずれかに該当し，情状がとくに重いとき，または事務禁止処分に違反したとき。

また，**都道府県知事**は，その登録を受けている**宅建士資格者**（登録を受けている者で宅建士証の交付を受けていないもの）が，次の①から③のいずれかに該当する場合には，**当該登録を消除**しなければならない（68条の2第2項）。

①　法18条1項（登録の欠格要件）1号から8号まで，または12号のいずれかに該当するに至ったとき。

②　不正の手段により登録を受けたとき。

③　宅建士としてすべき事務を行い，情状が特に重いとき。

□**Challenge**
宅地建物取引士としてすべき事務の禁止の処分を受けた宅地建物取引士が，その処分の期間中に，宅地建物取引業法第35条に定める重要事項の説明をした場合は，当該宅地建物取引士は，登録を消除される。

（○）

5 聴聞の特例

⊕R1

① 国土交通大臣または都道府県知事は，宅建業者に対して，指示および業務の停止処分（65条）をしようとするとき，または宅建士に対して，事務の禁止処分（68条）をしようとするときは，**聴聞**（ちょうもん）を行わなければならない(69条１項)。

② 国土交通大臣または都道府県知事は，宅建業者に対し，指示および業務の停止処分，免許の取消処分（66条）等をしようとするとき，または都道府県知事は，宅建士に対し，事務の禁止処分または登録の消除処分（68条の２）をしようとするときは，その処分にかかる聴聞については，次の手続によらなければならない。

a 聴聞を行うにあたっては，その期日の１週間前までに，処分の対象となるべき者に対し，書面により通知をし，かつ，聴聞の期日および場所を公示しなければならない。

b 処分の対象となるべき者の所在が判明しない場合には，その者の氏名，聴聞の期日および場所等を当該行政庁の事務所の掲示板に掲示することによって行うことができる。この場合においては，聴聞の期日までにおくべき相当な期間は，２週間を下回ってはならない。

c 聴聞の期日における審理は，公開により行わなければならない。

6 監督処分の公告等

⊕R5

① **国土交通大臣または都道府県知事**は，宅建業者に対する**業務の停止**（65条２項，４項），**免許の取消し**（66条）等の処分をしたときは，国土交通大臣にあっては官報により，都道府県知事にあっては公報により，**その旨を公告**しなければならない（70条１項）。

② **都道府県知事**は，指示または**業務の停止処分**をしたときは，遅滞なく，その旨を，当該宅建業者が国土交通大臣の免許を受けたものであるときは**国土交通大臣に報告し**，他の都道府県知事の免許を受けたものであるときは，**当該他の都道府県知事に通知**しなければならない（同条３項）。

③ また，**都道府県知事**は，当該都道府県の区域内において，他の都道府県知事の登録を受けている宅建士に対して，**指示**および**事務の禁止処分**をしたときは，その旨を当該宅建士の**登録をしている都道府県知事に通知**しなければならない（同条４項）。

□**Challenge**
甲県知事の免許を受けた宅地建物取引業者Aが，乙県内で誇大広告をした事実が判明したので，乙県知事は，Aに対し業務の停止処分を行った。この場合，乙県知事は，その旨を，国土交通大臣に報告するとともに，甲県知事に通知しなければならない。

（×）

7 指導等

国土交通大臣は，すべての宅建業者に対して，また都道府県知事は，当該都道府県の区域内で宅建業を営む宅建業者に対して，宅建業の適正な運営を確保し，また宅建業の健全な発達を図るため**必要な指導，助言および勧告**をすることができる（71条）。指導等は，指示のように個々の具体的な違反行為がその対象となるのではなく，すべての事項について包括的に行われるものである。

この規定は，国土交通大臣は，自ら免許を与えた宅建業者に限らず，すべての宅建業者に対し，また都道府県知事は，当該都道府県の区域内で業務を営む宅建業者に対し，指導等をなしうる旨を定めたものである。

また，国土交通大臣は，その免許を受けた宅建業者が法31条以下の業務に関する規定に違反した場合において，指示もしくは業務停止または免許取消処分をしようとするときは，あらかじめ，**内閣総理大臣に協議**しなければならない（71条の２）。

8 報告および立入検査

⊕R5

① この法律は，国土交通大臣および都道府県知事に，宅建業を営む者に対する業務の報告書の提出要求，および事務所等への立入検査の権限を与えている。すなわち，国土交通大臣は，「**宅建業を営むすべての者**」に対して，都道府県知事は，その都道府県の区域内で「**宅建業を営む者**」に対して，宅建業の適正な運営を確保するため必要があると認めるときは，業務について必要な報告を求め，またはその職員に事務所その他業務を行う場所に立ち入らせ，帳簿，書類その他業務に関係のある物件を検査させることができる（72条１項）。

② ここで注意すべきことは，この法律が「**宅建業者**」（法２条に用語の定義をしている）と規定せず，「**宅建業を営むすべての者**」と規定していることである。免許を受けた宅建業者はもちろん，免許を受けないで宅建業を営む，いわゆるモグリ業者に対しても，報告書の提出を求めたり，事務所等の立入検査をすることができる。

③ また，国土交通大臣は，すべての宅建士に対して，都道府県知事は，その登録を受けている宅建士および当該都道府県の区域内でその事務を行う宅建士に対して，宅建士の事務の適正な遂行を確保するため必要があると認めるときは，その事務について必要な報告を求めることができる（72条３項）。

POINT
免許を受けないで宅建業を営む者に対しても，報告を求め，または立入検査をすることができる

9 罰　則

⊕R1・R2・R3・R4

❶罰則一覧

この法律の規定に違反した者は，業務の停止や免許の取消しという行政処分を受けるが，さらに行政処分とは別に，この法律の規定により，次のとおり懲役や罰金の司法処分を受けることがある。

① **法79条適用**

1　不正の手段によって免許を受けた者（3条1項） 2　無免許で事業を営んだ者（12条1項） 3　名義貸しの禁止規定に違反し他人に宅建業を営ませた者（13条1項） 4　業務停止の命令に違反して業務を営んだ者（65条2項および4項）	**3年以下の懲役**もしくは**300万円以下の罰金**に処し，またはこれを併科

② **法79条の2適用**

重要事項について，故意に事実を告げず，または不実のことを告げる行為をした者（47条1号）	**2年以下の懲役**もしくは**300万円以下の罰金**に処し，またはこれを併科

③ **法80条適用**

不当に高額の報酬を請求した者（47条2号）	**1年以下の懲役**もしくは**100万円以下の罰金**に処し，またはこれを併科

④ **法81条適用**

1　営業保証金を供託した旨の届出をせずに事業を開始した者（25条5項） 2　誇大広告をした者（32条） 3　不当な履行遅延行為をした者（44条） 4　手付の貸付けなどによって，契約を誘引した者（47条3号）	**6月以下の懲役**もしくは**100万円以下の罰金**に処し，またはこれを併科

⑤ **法82条適用**

1　虚偽の免許申請をした者（4条1項，2項） 2　免許を受けないで宅建業の表示をし，または広告をした者（12条2項） 3　自己名義で他人に業を営む者の表示を	

POINT
免許を受けないで宅建業を営んだ者および名義貸しをして他人に宅建業を営ませた者に対しては，この法律で最も重い罰則が適用される

□**Challenge**
宅地建物取引業者A社は，その相手方等に対して契約に係る重要な事項について故意に事実を告げない行為は禁止されているが，法人たるA社の代表者が当該禁止行為を行った場合，当該代表者については懲役刑が科されることがあり，またA社に対しても罰金刑が科されることがある。

（○）

させ，または広告をさせた者（13条2項） 4　宅建士の補充をしなかった者（15条3項） 5　報酬告示額を超えて報酬を受領した者（46条2項） 6　その他手付金等の保全などの規定に違反した者	100万円以下の罰金

⑥　法83条適用

1　変更届（9条），業務を行う場合の届出（50条2項）などの届出をしなかったり，虚偽の届出をした者 2　書面の交付を怠った者（37条），報酬額の掲示をしなかった者（46条4項），従業者証明書を携帯させなかった者（48条1項），業者標識の掲示をしなかった者（50条1項） 3　秘密保持義務に違反した者（45条，75条の3） 4　従業者名簿備付等の義務に違反した者（48条3項） 5　帳簿の備付，記載をしなかった者（49条） 6　大臣・知事から業務について求められた必要な報告を怠った者（72条） 7　その他指定流通機構に対する報告などの規定に違反した者	50万円以下の罰金

□Challenge
宅地建物取引業者の使用人は，正当な理由なくして，宅地建物取引業の業務を補助したことについて知り得た秘密を他に漏らした場合，10万円以下の過料に処せられることがある。

⑦　法86条適用

1　登録が消除され，宅建士証を返納しなかった者（22条の2第6項） 2　事務の禁止処分を受け，宅建士証を提出しなかった者（同条7項） 3　重要事項の説明に際し，宅建士証を提示しなかった者（35条4項） 4　宅建業協会等でない者が，その名称を用いた者（75条）	10万円以下の過料

❷両罰規定

法人の代表者または法人もしくは人の**代理人その他の従業者**が，その法人または人の業務に関し，次の各号に掲げる規定の

（×）

違反行為をしたときは，その行為を罰するほか，その**法人**に対して当該各号に定める罰金刑を，その**人**に対して各本条の罰金刑を科する（84条）。

① 法79条または法79条の２…１億円以下の罰金刑

② 法80条または法81条から法83条まで（同条１項３号を除く）…各本条の罰金刑

10 免許の取消し等に伴う取引の結了

R3

宅建業者の免許が，有効期間の満了，廃業等の届出，宅建業者の死亡もしくは合併により，その主体が消滅して効力を失い，または免許権者により免許を取り消されたときは，当該宅建業者であった者またはその一般承継人は，当該宅建業者が締結した**契約に基づく取引を**結了（けつりょう）する目的の範囲内においては，**なお宅建業者とみなされる**（76条）。

この規定により，①それらの者は，免許を有しないにもかかわらず，免許の失効または取消し前に締結した契約については，免許の失効または取消し後も，その契約に基づく物件の引渡し，登記等の義務を履行し，または代金の取り立て等の権利を行使することができる。②免許の失効または取消し後に行うそれらの業務についても，手付金等の保全，所有権留保等の禁止，不当な履行遅延の禁止など，宅建業法上の義務が課せられる。③それらの者は，取引が完全に結了するまで（なお宅建業者とみなされる期間が満了するまで），営業保証金を取り戻すことはできない。

□**Challenge**
甲県知事の免許を受けている取引業者Ａが死亡した場合，Ａの一般承継人は，Ａが締結した契約に基づく取引を結了する目的の範囲内において，なお宅地建物取引業者とみなされる。

（○）

11 この法律の適用

R5

法３条（免許）等の規定は，信託業の免許を受けた信託会社には適用しない。また，宅建業を営む信託会社については，上記の規定を除き，国土交通大臣の免許を受けた宅建業者とみなして，この法律を適用する（77条1項，2項）。

なお，この法律の規定は，国および地方公共団体には適用しない。また，**法33条の2および法37条の2から43条**までの規定は，宅建業者間の取引については，適用しない（78条）。

POINT

宅建業者が，自ら売主となる売買契約の場合の制限規定は，宅建業者間の取引には適用されない

宅建業者間の取引に適用除外となる規定の一覧表

- **自己の所有に属しない宅地建物の売買契約締結の制限**（33条の2）
- **クーリング・オフ**（37条の2）
- **損害賠償額の予定等の制限**（38条）
- **手付の額の制限等**（39条）
- **担保責任についての特約の制限**（40条）
- **手付金等の保全**（41条，41条の2）
- **割賦販売の契約の解除等の制限**（42条）
- **所有権留保等の禁止**（43条）

上記の規定は，宅建業者が**自ら売主となる**売買契約の場合の制限規定でもある。

□**Challenge**

宅地建物取引業者Aは，Cの所有する宅地を取得することを停止条件として，宅地建物取引業者Bとの間で自ら売主として当該宅地の売買契約を締結しても，宅地建物取引業法違反とはならない。

（○）

7 住宅瑕疵担保履行法

1 目的・定義

⊕R1・R3・R4・R5

❶目　的

新築住宅の発注者や買主を保護するため，「特定住宅瑕疵担保責任の履行の確保等に関する法律」（住宅瑕疵担保履行法）が平成21（2009）年10月1日に施行された。

この法律は，住宅の備えるべき安全性その他の品質・性能を確保するためには，住宅の瑕疵の発生の防止が図られるとともに，住宅に瑕疵があった場合においてはその瑕疵担保責任が履行されることが重要であることにかんがみ，建設業者による住宅建設瑕疵担保保証金の供託，宅建業者による住宅販売瑕疵担保保証金の供託，住宅瑕疵担保責任保険法人の指定および住宅瑕疵担保責任保険契約にかかる新築住宅に関する紛争の処理体制等について定めることを目的としている（1条）。

これにより，新築住宅の請負人や売主に**資力確保措置**（保険への加入または保証金の供託）が義務付けられる。

資力確保措置を行わなければならないのは，新築住宅の請負人または売主のうち，建設業法に基づく建設業の許可を受けた建設業者と，宅建業法に基づく宅建業の免許を受けた宅建業者（事業者）である。

ただし，新築住宅の発注者や買主が，免許を受けた宅建業者である場合には，資力確保措置の義務付けの対象とはならない。こうした新築住宅については，保険加入の義務はなく，また，保証金の供託にあたっては供託金を算定する戸数から除外することとなる。

□**Challenge**
宅地建物取引業者は，自ら売主として宅地建物取引業者である買主との間で新築住宅の売買契約を締結し，当該住宅を引き渡す場合，資力確保措置を講ずる義務を負う。
（×）

❷新築住宅の定義

「新築住宅」とは，新たに建設された住宅であって，建設工事の完了から1年以内で，かつ，人が住んだことのないものをいう。したがって，この新築住宅に該当しない中古住宅が売買の対象である場合には，資力確保措置の義務付けの対象とはならない。

また，「住宅」とは，人の居住の用に供する家屋または家屋の部分をいい，たとえば事務所と住居などが混在した併用住宅についても，住居部分のみならず，併用住宅全体の共用部分が「住宅」に該当することとなる。

売買契約の目的物が工事完了から1年以内で，かつ，未入居の住宅であれば，新築住宅の売買となるので，その後の引渡しの時点が工事完了日から1年を超えていた場合でも対象となる（2条1項）。

2 特定住宅瑕疵担保責任

R1・R3・R4・R5

❶対象となる瑕疵担保責任の範囲

住宅瑕疵担保履行法では，「住宅の品質確保の促進等に関する法律」（住宅品質確保法）94条1項または95条1項において規定されている**住宅の構造耐力上主要な部分等**（住宅の基礎，基礎ぐい，壁，小屋組，土台，斜材，床版，屋根版または横架材等の構造耐力上主要な部分，住宅の屋根・外壁またはこれらの開口部に設ける戸，わくその他の建具等の雨水の浸入を防止する部分）に関する**10年間の瑕疵担保責任**（**特定住宅瑕疵担保責任**）を前提として，資力確保措置が義務付けられている。

したがって，資力確保措置の対象となる瑕疵担保責任の範囲も住宅品質確保法で定められた「10年間の瑕疵担保責任」と同じものである（2条5項）。

❷資力確保措置

必要な資力確保措置は「供託」か「保険加入」のいずれかであり，必ずしも供託をしなければいけないというものではない。国土交通大臣指定の保険法人の保険に加入した場合は，当該住宅について供託を行う必要はなく，供託金を算定する戸数から除外することとなる。

資力確保措置として，保証金の供託を選択した場合，事業者が法令により定められた金額の現金や国債などを，法務局等の供託所に預け置くこととなる。瑕疵担保責任の期間中（引渡し後10年間）は，原則として保証金を取り戻すことはできない。

供託額は，新築住宅の戸数により異なる。たとえば，引き渡した戸数が１戸の場合は２千万円，10戸の場合は計３千８百万円，100戸の場合は計１億円となる（３条２項，11条２項，別表）。また，新築住宅の合計戸数の算定に当たっては，その床面積の合計が**55㎡以下**のものは，２戸をもって１戸とする（３条３項，11条３項，施行令２条，６条）。

供託した住宅販売瑕疵担保保証金の額が，基準日において，供託すべき基準額を超えることとなったときは，免許を受けた国土交通大臣または都道府県知事の承認を受けて，その超過額を取り戻すことができる（16条，９条１項）。

住宅販売瑕疵担保保証金の供託をした事業者は，自ら売主となる新築住宅の**買主**に対し，当該新築住宅の売買契約を締結するまでに，供託をしている**供託所の所在地**，二以上の事業者と売買契約を締結した場合における，それぞれの業者の販売瑕疵負担割合等について，これらの事項を記載した**書面**を交付して説明しなければならない。また，依頼者の承諾を得て，書面の交付に代えて，当該書面に記載すべき事項を**電磁的方法**により提供することができる（15条）。

資力確保措置として，**住宅販売瑕疵担保責任保険契約**への加入を選択した場合，事業者が保険料を支払うこととなる。住宅の構造耐力上主要な部分等に瑕疵が判明し，補修等を行った場合には，**保険金**が支払われる。この保険は，火災保険などを扱う一般の損保会社では扱っておらず，住宅専門の保険会社とし

□**Challenge**
自ら売主として新築住宅を宅地建物取引業者でない買主に引き渡した宅地建物取引業者は，当該住宅を引き渡した日から３週間以内に，その住宅に関する資力確保措置の状況について，その免許を受けた国土交通大臣又は都道府県知事に届け出なければならない。

（×）

て国土交通大臣の指定する保険法人が取り扱う。

なお，保険契約は，新築住宅の買主が当該新築住宅の売主である宅地建物取引業者から当該新築住宅の引渡しを受けた時から10年以上の期間にわたって有効であるとともに，国土交通大臣の承認を受けた場合を除き，変更または解除をすることができないこと等の要件に適合するものでなければならない（2条7項）。

❸保証金の供託等の届出

施行日（平成21年10月1日）以降に新築住宅を引き渡した業者は，毎年3月31日（基準日）時点での保険や供託の状況を，それぞれの**基準日から3週間以内**に，建設業の許可や宅地建物取引業の免許を受けた国土交通大臣または都道府県知事に届け出なければならない（4条，12条，則16条）。

届出を行わない場合は，この法律に定める罰則の適用や業法（建設業法または宅地建物取引業法）に基づく処分の可能性があるほか，**基準日の翌日から50日**を経過した日以降，新たな新築住宅の請負契約や売買契約を締結できなくなる（13条）。

一度基準日における届出を行った場合には，その届出の対象となった新築住宅に対する瑕疵担保責任が続いている期間中（10年間）は届出が必要となる。

□**Challenge**
自ら売主として新築住宅を宅地建物取引業者でない買主に引き渡した宅地建物取引業者は，基準日に係る資力確保措置の状況の届出をしなければ，当該基準日の翌日から起算して50日を経過した日以後においては，新たに自ら売主となる新築住宅の売買契約を締結してはならない。

（○）

❹指定住宅紛争処理機関

R3

国土交通大臣が紛争処理の業務を行う者として指定した指定住宅紛争処理機関は，建設工事の請負契約または売買契約に関する紛争が発生した場合に，紛争の当事者の双方または一方からの申請により，当該紛争のあっせん，調停および仲裁の業務を行う（33条）。住宅販売瑕疵担保責任保険契約を締結した場合，当事者は，指定住宅紛争処理機関に申請をすることにより，当該新築住宅の瑕疵に関する紛争について，あっせん，調停または仲裁を受けることができる。

保険への加入義務または保証金の供託義務
新築住宅の請負人である建設業者および売主である宅建業者（売主等）

保険または**供託**による瑕疵担保責任の履行のための**資力確保措置**が義務づけられる。

保険への加入

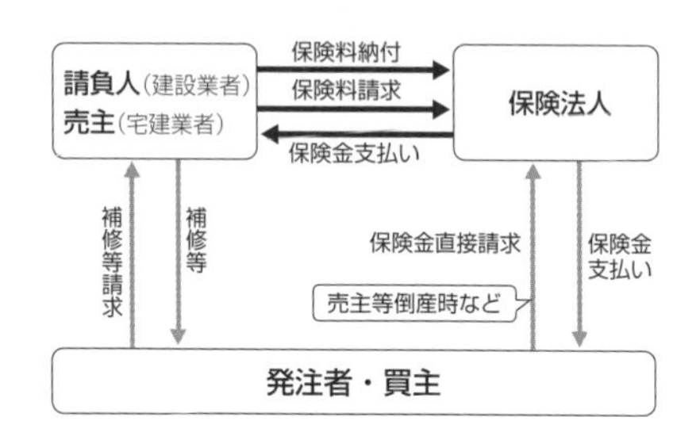

国土交通大臣の指定する保険法人との間で保険契約を締結し，瑕疵が判明した場合，その補修費用等が保険金より填補される。

保険契約の条件

1．売主等が保険料を支払うものであること
2．売主等の瑕疵担保責任の履行による損害を填補すること
3．売主等が相当の期間を経過しても瑕疵担保責任を履行しない場合には，発注者もしくは買主の請求に基づき損害を填補すること
4．保険金額が2,000万円以上であること
5．10年以上の期間有効な契約であること　等

保証金の供託

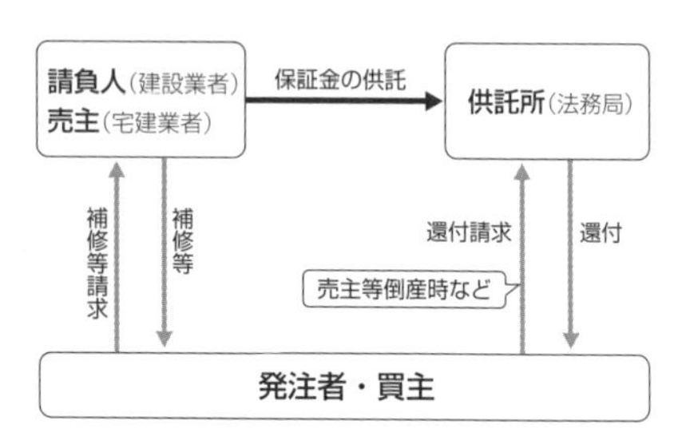

引き渡した新築住宅に瑕疵が判明した場合，売主等が自ら補修するのが原則であるが，倒産等により補修が困難になった場合に備えて，現金や有価証券等を法務局等の供託所に預け置く。

供託する保証金の額

供給戸数（超～以下）	供託額
1	2000万円 × 戸数
1~10	200万円 × 戸数 ＋ 1800万円
10~50	80万円 × 戸数 ＋ 3000万円
50~100	60万円 × 戸数 ＋ 4000万円
100~500	10万円 × 戸数 ＋ 9000万円
500~1000	8万円 × 戸数 ＋ 1億円
1000~5000	4万円 × 戸数 ＋ 1億4000万円
5000~1万	2万円 × 戸数 ＋ 2億4000万円

(例)2000戸の場合　4万円×2000戸＋1億4000万円＝2億2000万円

※供託額の算定のもととなる「供給戸数」とは，瑕疵担保責任を負っている住宅の戸数，すなわち過去10年間に引き渡した住宅の戸数。

保険契約の締結状況および保証金の供託の届出義務（年１回）
許可権者・免許権者に対して，基準日（3月31日）から３週間以内に届け出なければならず，この届出を行わない場合，基準日から50日目以降，新築住宅の請負契約や売買契約を締結することはできなくなる。

※「新築住宅」とは，建設工事の完了から１年以内で人が住んだことのないものをいう。

宅地建物取引業法（抄）

〔昭和二十七年六月十日
法律第百七十六号〕
最終改正：令和五年十一月二十九日法律第七十九号

第一章　総　則

（目的）

第一条　この法律は，宅地建物取引業を営む者について免許制度を実施し，その事業に対し必要な規制を行うことにより，その業務の適正な運営と宅地及び建物の取引の公正とを確保するとともに，宅地建物取引業の健全な発達を促進し，もつて購入者等の利益の保護と宅地及び建物の流通の円滑化とを図ることを目的とする。

4（用語の定義）

第二条　この法律において次の各号に掲げる用語の意義は，それぞれ当該各号の定めるところによる。

一　宅地　建物の敷地に供せられる土地をいい，都市計画法（昭和四十三年法律第百号）第八条第一項第一号の用途地域内のその他の土地で，道路，公園，河川その他政令で定める公共の用に供する施設の用に供せられているもの以外のものを含むものとする。

二　宅地建物取引業　宅地若しくは建物（建物の一部を含む。以下同じ。）の売買若しくは交換又は宅地若しくは建物の売買，交換若しくは貸借の代理若しくは媒介をする行為で業として行うものをいう。

三　宅地建物取引業者　第三条第一項の免許を受けて宅地建物取引業を営む者をいう。

四　宅地建物取引士　第二十二条の二第一項の宅地建物取引士証の交付を受けた者をいう。

第二章　免　許

3（免許）

第三条　宅地建物取引業を営もうとする者は，二以上の都道府県の区域内に事務所（本店，支店その他の政令で定めるものをいう。以下同じ。）を設置してその事業を営もうとする場合にあつては国土交通大臣の，一の都道府県の区域内にのみ事務所を設置してその事業を営もうとする場合にあつては当該事務所の所在地を管轄する都道府県知事の免許を受けなければならない。

2　前項の免許の有効期間は，五年とする。

3　前項の有効期間の満了後引き続き宅地建物取引業を営もうとする者は，免許の更新を受けなければならない。

4　前項の免許の更新の申請があつた場合において，第二項の有効期間の満了の日までにその申請について処分がなされないときは，従前の免許は，同項の有効期間の満了後もその処分がなされるまでの間は，なお効力を有する。

5　前項の場合において，免許の更新がなされたときは，その免許の有効期間は，従前の免許の有効期間の満了の日の翌日から起算するものとする。

6　第一項の免許のうち国土交通大臣の免許を受けようとする者は，登録免許税法（昭和四十二年法律第三十五号）の定めるところにより登録免許税を，第三項の規定により国土交通大臣の免許の更新を受けようとする者は，政令の定めるところにより手数料を，それぞれ納めなければならない。

1（免許の条件）

第三条の二　国土交通大臣又は都道府県知事

は，前条第一項の免許（同条第三項の免許の更新を含む。第二十五条第六項を除き，以下同じ。）に条件を付し，及びこれを変更することができる。

2　前項の条件は，宅地建物取引業の適正な運営並びに宅地及び建物の取引の公正を確保するため必要な最小限度のものに限り，かつ，当該免許を受ける者に不当な義務を課することとならないものでなければならない。

（免許の申請）

第四条　第三条第一項の免許を受けようとする者は，二以上の都道府県の区域内に事務所を設置してその事業を営もうとする場合にあつては国土交通大臣に，一の都道府県の区域内にのみ事務所を設置してその事業を営もうとする場合にあつては当該事務所の所在地を管轄する都道府県知事に，次に掲げる事項を記載した免許申請書を提出しなければならない。

一　商号又は名称

二　法人である場合においては，その役員の氏名及び政令で定める使用人があるときは，その者の氏名

三　個人である場合においては，その者の氏名及び政令で定める使用人があるときは，その者の氏名

四　事務所の名称及び所在地

五　前号の事務所ごとに置かれる第三十一条の三第一項に規定する者（同条第二項の規定によりその者とみなされる者を含む。第八条第二項第六号において同じ。）の氏名

六　他に事業を行つているときは，その事業の種類

2　前項の免許申請書には，次の各号に掲げる書類を添付しなければならない。

一　宅地建物取引業経歴書

二　第五条第一項各号に該当しないことを誓約する書面

三　事務所について第三十一条の三第一項に規定する要件を備えていることを証する書面

四　その他国土交通省令で定める書面

5 **（免許の基準）**

第五条　国土交通大臣又は都道府県知事は，第三条第一項の免許を受けようとする者が次の各号のいずれかに該当する場合又は免許申請書若しくはその添付書類中に重要な事項について虚偽の記載があり，若しくは重要な事実の記載が欠けている場合においては，免許をしてはならない。

一　破産手続開始の決定を受けて復権を得ない者

二　第六十六条第一項第八号又は第九号に該当することにより免許を取り消され，その取消しの日から五年を経過しない者（当該免許を取り消された者が法人である場合においては，当該取消しに係る聴聞の期日及び場所の公示の日前六十日以内に当該法人の役員（業務を執行する社員，取締役，執行役又はこれらに準ずる者をいい，相談役，顧問，その他いかなる名称を有する者であるかを問わず，法人に対し業務を執行する社員，取締役，執行役又はこれらに準ずる者と同等以上の支配力を有するものと認められる者を含む。以下この条，第十八条第一項，第六十五条第二項及び第六十六条第一項において同じ。）であつた者で当該取消しの日から五年を経過しないものを含む。）

三　第六十六条第一項第八号又は第九号に該当するとして免許の取消処分の聴聞の期日及び場所が公示された日から当該処分をする日又は当該処分をしないことを決定する日までの間に第十一条第一項第四号又は第五号の規定による届出があつた者（解散又は宅地建物取引業の廃止について相当の理由がある者を除く。）で当該届出の日から五年を経過しないもの

四　前号に規定する期間内に合併により消滅した法人又は第十一条第一項第四号若しくは第五号の規定による届出があつた

法人（合併，解散又は宅地建物取引業の廃止について相当の理由がある法人を除く。）の前号の公示の日前六十日以内に役員であつた者で当該消滅又は届出の日から五年を経過しないもの

五　禁錮以上の刑に処せられ，その刑の執行を終わり，又は執行を受けることがなくなつた日から五年を経過しない者

六　この法律若しくは暴力団員による不当な行為の防止等に関する法律（平成三年法律第七十七号）の規定（同法第三十二条の三第七項及び第三十二条の十一第一項の規定を除く。第十八条第一項第七号及び第五十二条第七号ハにおいて同じ。）に違反したことにより，又は刑法（明治四十年法律第四十五号）第二百四条，第二百六条，第二百八条，第二百八条の二，第二百二十二条若しくは第二百四十七条の罪若しくは暴力行為等処罰に関する法律（大正十五年法律第六十号）の罪を犯したことにより，罰金の刑に処せられ，その刑の執行を終わり，又は執行を受けることがなくなった日から五年を経過しない者

七　暴力団員による不当な行為の防止等に関する法律第二条第六号に規定する暴力団員又は同号に規定する暴力団員でなくなつた日から五年を経過しない者（以下「暴力団員等」という。）

八　免許の申請前五年以内に宅地建物取引業に関し不正又は著しく不当な行為をした者

九　宅地建物取引業に関し不正又は不誠実な行為をするおそれが明らかな者

十　心身の故障により宅地建物取引業を適正に営むことができない者として国土交通省令で定めるもの

十一　営業に関し成年者と同一の行為能力を有しない未成年者でその法定代理人（法定代理人が法人である場合においては，その役員を含む。）が前各号のいずれかに該当するもの

十二　法人でその役員又は政令で定める使用人のうちに第一号から第十号までのいずれかに該当する者のあるもの

十三　個人で政令で定める使用人のうちに第一号から第十号までのいずれかに該当する者のあるもの

十四　暴力団員等がその事業活動を支配する者

十五　事務所について第三十一条の三に規定する要件を欠く者

2　国土交通大臣又は都道府県知事は，免許をしない場合においては，その理由を附した書面をもつて，申請者にその旨を通知しなければならない。

（免許証の交付）

第六条　国土交通大臣又は都道府県知事は，第三条第一項の免許をしたときは，免許証を交付しなければならない。

②**（免許換えの場合における従前の免許の効力）**

第七条　宅地建物取引業者が第三条第一項の免許を受けた後次の各号の一に該当して引き続き宅地建物取引業を営もうとする場合において同項の規定により国土交通大臣又は都道府県知事の免許を受けたときは，その者に係る従前の国土交通大臣又は都道府県知事の免許は，その効力を失う。

一　国土交通大臣の免許を受けた者が一の都道府県の区域内にのみ事務所を有することとなつたとき。

二　都道府県知事の免許を受けた者が当該都道府県の区域内における事務所を廃止して，他の一の都道府県の区域内に事務所を設置することとなつたとき。

三　都道府県知事の免許を受けた者が二以上の都道府県の区域内に事務所を有することとなつたとき。

2　第三条第四項の規定は，宅地建物取引業者が前項各号の一に該当して引き続き宅地建物取引業を営もうとする場合において第四条第一項の規定による申請があつたときについて準用する。

②（宅地建物取引業者名簿）

第八条　国土交通省及び都道府県に，それぞれ宅地建物取引業者名簿を備える。

2　国土交通大臣又は都道府県知事は，宅地建物取引業者名簿に，国土交通大臣にあつてはその免許を受けた宅地建物取引業者に関する次に掲げる事項を，都道府県知事にあつてはその免許を受けた宅地建物取引業者及び国土交通大臣の免許を受けた宅地建物取引業者で当該都道府県の区域内に主たる事務所を有するものに関する次に掲げる事項を登載しなければならない。

一　免許証番号及び免許の年月日

二　商号又は名称

三　法人である場合においては，その役員の氏名及び政令で定める使用人があるときは，その者の氏名

四　個人である場合においては，その者の氏名及び政令で定める使用人があるときは，その者の氏名

五　事務所の名称及び所在地

六　前号の事務所ごとに置かれる第三十一条の三第一項に規定する者の氏名

七　第五十条の二第一項の認可を受けているときは，その旨及び認可の年月日

八　その他国土交通省令で定める事項

②（変更の届出）

第九条　宅地建物取引業者は，前条第二項第二号から第六号までに掲げる事項について変更があつた場合においては，国土交通省令の定めるところにより，三十日以内に，その旨をその免許を受けた国土交通大臣又は都道府県知事に届け出なければならない。

①（宅地建物取引業者名簿等の閲覧）

第十条　国土交通大臣又は都道府県知事は，国土交通省令の定めるところにより，宅地建物取引業者名簿並びに免許の申請及び前条の届出に係る書類又はこれらの写しを一般の閲覧に供しなければならない。

④（廃業等の届出）

第十一条　宅地建物取引業者が次の各号のいずれかに該当することとなつた場合においては，当該各号に掲げる者は，その日（第一号の場合にあつては，その事実を知つた日）から三十日以内に，その旨をその免許を受けた国土交通大臣又は都道府県知事に届け出なければならない。

一　宅地建物取引業者が死亡した場合　その相続人

二　法人が合併により消滅した場合　その法人を代表する役員であつた者

三　宅地建物取引業者について破産手続開始の決定があつた場合　その破産管財人

四　法人が合併及び破産手続開始の決定以外の理由により解散した場合　その清算人

五　宅地建物取引業を廃止した場合　宅地建物取引業者であつた個人又は宅地建物取引業者であつた法人を代表する役員

2　前項第三号から第五号までの規定により届出があつたときは，第三条第一項の免許は，その効力を失う。

（無免許事業等の禁止）

第十二条　第三条第一項の免許を受けない者は，宅地建物取引業を営んではならない。

2　第三条第一項の免許を受けない者は，宅地建物取引業を営む旨の表示をし，又は宅地建物取引業を営む目的をもつて，広告をしてはならない。

（名義貸しの禁止）

第十三条　宅地建物取引業者は，自己の名義をもつて，他人に宅地建物取引業を営ませてはならない。

2　宅地建物取引業者は，自己の名義をもつて，他人に，宅地建物取引業を営む旨の表示をさせ，又は宅地建物取引業を営む目的をもつてする広告をさせてはならない。

第三章　宅地建物取引士

（宅地建物取引士の業務処理の原則）

第十五条　宅地建物取引士は，宅地建物取引業の業務に従事するときは，宅地又は建物の取引の専門家として，購入者等の利益の保護及び円滑な宅地又は建物の流通に資す

るよう，公正かつ誠実にこの法律に定める事務を行うとともに，宅地建物取引業に関連する業務に従事する者との連携に努めなければならない。

1 **（信用失墜行為の禁止）**

第十五条の二　宅地建物取引士は，宅地建物取引士の信用又は品位を害するような行為をしてはならない。

1 **（知識及び能力の維持向上）**

第十五条の三　宅地建物取引士は，宅地又は建物の取引に係る事務に必要な知識及び能力の維持向上に努めなければならない。

4 **（宅地建物取引士の登録）**

第十八条　試験に合格した者で，宅地若しくは建物の取引に関し国土交通省令で定める期間以上の実務の経験を有するもの又は国土交通大臣がその実務の経験を有するものと同等以上の能力を有すると認めたものは，国土交通省令の定めるところにより，当該試験を行つた都道府県知事の登録を受けることができる。ただし，次の各号のいずれかに該当する者については，この限りでない。

一　宅地建物取引業に係る営業に関し成年者と同一の行為能力を有しない未成年者

二　破産手続開始の決定を受けて復権を得ない者

三　第六十六条第一項第八号又は第九号に該当することにより第三条第一項の免許を取り消され，その取消しの日から五年を経過しない者（当該免許を取り消された者が法人である場合においては，当該取消しに係る聴聞の期日及び場所の公示の日前六十日以内にその法人の役員であつた者で当該取消しの日から五年を経過しないもの）

四　第六十六条第一項第八号又は第九号に該当するとして免許の取消処分の聴聞の期日及び場所が公示された日から当該処分をする日又は当該処分をしないことを決定する日までの間に第十一条第一項第五号の規定による届出があつた者（宅地建物取引業の廃止について相当の理由がある者を除く。）で当該届出の日から五年を経過しないもの

五　第五条第一項第四号に該当する者

六　禁錮以上の刑に処せられ，その刑の執行を終わり，又は執行を受けることがなくなつた日から五年を経過しない者

七　この法律若しくは暴力団員による不当な行為の防止等に関する法律の規定に違反したことにより，又は刑法第二百四条，第二百六条，第二百八条，第二百八条の二，第二百二十二条若しくは第二百四十七条の罪若しくは暴力行為等処罰に関する法律の罪を犯したことにより，罰金の刑に処せられ，その刑の執行を終わり，又は執行を受けることがなくなつた日から五年を経過しない者

八　暴力団員等

九　第六十八条の二第一項第二号から第四号まで又は同条第二項第二号若しくは第三号のいずれかに該当することにより登録の消除の処分を受け，その処分の日から五年を経過しない者

十　第六十八条の二第一項第二号から第四号まで又は同条第二項第二号若しくは第三号のいずれかに該当するとして登録の消除の処分の聴聞の期日及び場所が公示された日から当該処分をする日又は当該処分をしないことを決定する日までの間に登録の消除の申請をした者（登録の消除の申請について相当の理由がある者を除く。）で当該登録が消除された日から五年を経過しないもの

十一　第六十八条第二項又は第四項の規定による禁止の処分を受け，その禁止の期間中に第二十二条第一号の規定によりその登録が消除され，まだその期間が満了しない者

十二　心身の故障により宅地建物取引士の事務を適正に行うことができない者として国土交通省令で定めるもの

2　前項の登録は，都道府県知事が，宅地建

物取引士資格登録簿に氏名，生年月日，住所その他国土交通省令で定める事項並びに登録番号及び登録年月日を登載してするものとする。

（登録の手続）

第十九条　前条第一項の登録を受けることができる者がその登録を受けようとするときは，登録申請書を同項の都道府県知事に提出しなければならない。

2　都道府県知事は，前項の登録申請書の提出があつたときは，遅滞なく，登録をしなければならない。

④**（登録の移転）**

第十九条の二　第十八条第一項の登録を受けている者は，当該登録をしている都道府県知事の管轄する都道府県以外の都道府県に所在する宅地建物取引業者の事務所の業務に従事し，又は従事しようとするときは，当該事務所の所在地を管轄する都道府県知事に対し，当該登録をしている都道府県知事を経由して，登録の移転の申請をすることができる。ただし，その者が第六十八条第二項又は第四項の規定による禁止の処分を受け，その禁止の期間が満了していないときは，この限りでない。

（変更の登録）

②**第二十条**　第十八条第一項の登録を受けている者は，登録を受けている事項に変更があつたときは，遅滞なく，変更の登録を申請しなければならない。

②**（死亡等の届出）**

第二十一条　第十八条第一項の登録を受けている者が次の各号のいずれかに該当することとなつた場合においては，当該各号に定める者は，その日（第一号の場合にあつては，その事実を知つた日）から三十日以内に，その旨を当該登録をしている都道府県知事に届け出なければならない。

一　死亡した場合　その相続人

二　第十八条第一項第一号から第八号までのいずれかに該当するに至つた場合　本人

三　第十八条第一項第十二号に該当するに至つた場合　本人又はその法定代理人若しくは同居の親族

（申請等に基づく登録の消除）

第二十二条　都道府県知事は，次の各号の一に掲げる場合には，第十八条第一項の登録を消除しなければならない。

一　本人から登録の消除の申請があつたとき。

二　前条の規定による届出があつたとき。

三　前条第一号の規定による届出がなくて同号に該当する事実が判明したとき。

四　第十七条第一項又は第二項の規定により試験の合格の決定を取り消されたとき。

④**（宅地建物取引士証の交付等）**

第二十二条の二　第十八条第一項の登録を受けている者は，登録をしている都道府県知事に対し，宅地建物取引士証の交付を申請することができる。

2　宅地建物取引士証の交付を受けようとする者は，登録をしている都道府県知事が国土交通省令の定めるところにより指定する講習で交付の申請前六月以内に行われるものを受講しなければならない。ただし，試験に合格した日から一年以内に宅地建物取引士証の交付を受けようとする者又は第五項に規定する宅地建物取引士証の交付を受けようとする者については，この限りでない。

3　宅地建物取引士証（第五項の規定により交付された宅地建物取引士証を除く。）の有効期間は，五年とする。

4　宅地建物取引士証が交付された後第十九条の二の規定により登録の移転があつたときは，宅地建物取引士証は，その効力を失う。

5　前項に規定する場合において，登録の移転の申請とともに宅地建物取引士証の交付の申請があつたときは，移転後の都道府県知事は，前項の宅地建物取引士証の有効期間が経過するまでの期間を有効期間とする取引主任者証を交付しなければならない。

6　宅地建物取引士は，第十八条第一項の登録が消除されたとき又は宅地建物取引士証が効力を失つたときは，速やかに，宅地建物取引士証をその交付を受けた都道府県知事に返納しなければならない。

7　宅地建物取引士は，第六十八条第二項又は第四項の規定による禁止の処分を受けたときは，速やかに，宅地建物取引士証をその交付を受けた都道府県知事に提出しなければならない。

8　前項の規定により宅地建物取引士証の提出を受けた都道府県知事は，同項の禁止の期間が満了した場合においてその提出者から返還の請求があつたときは，直ちに，当該宅地建物取引士証を返還しなければならない。

2 **（宅地建物取引士証の有効期間の更新）**

第二十二条の三　宅地建物取引士証の有効期間は，申請により更新する。

2　前条第二項本文の規定は宅地建物取引士証の有効期間の更新を受けようとする者について，同条第三項の規定は更新後の宅地建物取引士証の有効期間について準用する。

2 **（宅地建物取引士証の提示）**

第二十二条の四　宅地建物取引士は，取引の関係者から請求があつたときは，宅地建物取引士証を提示しなければならない。

第四章　営業保証金

3 **（営業保証金の供託等）**

第二十五条　宅地建物取引業者は，営業保証金を主たる事務所のもよりの供託所に供託しなければならない。

2　前項の営業保証金の額は，主たる事務所及びその他の事務所ごとに，宅地建物取引業者の取引の実情及びその取引の相手方の利益の保護を考慮して，政令で定める額とする。

3　第一項の営業保証金は，国土交通省令の定めるところにより，国債証券，地方債証券その他の国土交通省令で定める有価証券（社債，株式等の振替に関する法律（平成十三年法律第七十五号）第二百七十八条第一項に規定する振替債を含む。）をもつて，これに充てることができる。

4　宅地建物取引業者は，営業保証金を供託したときは，その供託物受入れの記載のある供託書の写しを添附して，その旨をその免許を受けた国土交通大臣又は都道府県知事に届け出なければならない。

5　宅地建物取引業者は，前項の規定による届出をした後でなければ，その事業を開始してはならない。

6　国土交通大臣又は都道府県知事は，第三条第一項の免許をした日から三月以内に宅地建物取引業者が第四項の規定による届出をしないときは，その届出をすべき旨の催告をしなければならない。

7　国土交通大臣又は都道府県知事は，前項の催告が到達した日から一月以内に宅地建物取引業者が第四項の規定による届出をしないときは，その免許を取り消すことができる。

8　第二項の規定に基づき政令を制定し，又は改廃する場合においては，その政令で，営業保証金の追加の供託又はその取戻しに関して，所要の経過措置（経過措置に関し監督上必要な措置を含む。）を定めることができる。

1 **（事務所新設の場合の営業保証金）**

第二十六条　宅地建物取引業者は，事業の開始後新たに事務所を設置したとき（第七条第一項各号の一に該当する場合において事務所の増設があつたときを含むものとする。）は，当該事務所につき前条第二項の政令で定める額の営業保証金を供託しなければならない。

2　前条第一項及び第三項から第五項までの規定は，前項の規定により供託する場合に準用する。

2 **（営業保証金の還付）**

第二十七条　宅地建物取引業者と宅地建物取引業に関し取引をした者（宅地建物取引業者に該当する者を除く。）は，その取引により生じた債権に関し，宅地建物取引業者が供託した営業保証金について，その債権の弁済を受ける権利を有する。

2　前項の権利の実行に関し必要な事項は，法務省令・国土交通省令で定める。

③（営業保証金の不足額の供託）

第二十八条　宅地建物取引業者は，前条第一項の権利を有する者がその権利を実行したため，営業保証金が第二十五条第二項の政令で定める額に不足することとなつたときは，法務省令・国土交通省令で定める日から二週間以内にその不足額を供託しなければならない。

2　宅地建物取引業者は，前項の規定により営業保証金を供託したときは，その供託物受入れの記載のある供託書の写しを添附して，二週間以内に，その旨をその免許を受けた国土交通大臣又は都道府県知事に届け出なければならない。

3　第二十五条第三項の規定は，第一項の規定により供託する場合に準用する。

①（営業保証金の保管替え等）

第二十九条　宅地建物取引業者は，その主たる事務所を移転したためその最寄りの供託所が変更した場合において，金銭のみをもつて営業保証金を供託しているときは，法務省令・国土交通省令の定めるところにより，遅滞なく，費用を予納して，営業保証金を供託している供託所に対し，移転後の主たる事務所の最寄りの供託所への営業保証金の保管替えを請求し，その他のときは，遅滞なく，営業保証金を移転後の主たる事務所の最寄りの供託所に新たに供託しなければならない。

2　第二十五条第二項及び第三項の規定は，前項の規定により供託する場合に準用する。

③（営業保証金の取戻し）

第三十条　第三条第二項の有効期間（同条第四項に規定する場合にあつては，同項の規定によりなお効力を有することとされる期間を含む。第七十六条において同じ。）が満了したとき，第十一条第二項の規定により免許が効力を失つたとき，同条第一項第一号若しくは第二号に該当することとなつたとき，又は第二十五条第七項，第六十六条若しくは第六十七条第一項の規定により免許を取り消されたときは，宅地建物取引業者であつた者又はその承継人（第七十六条の規定により宅地建物取引業者とみなされる者を除く。）は，当該宅地建物取引業者であつた者が供託した営業保証金を取り戻すことができる。宅地建物取引業者が一部の事務所を廃止した場合において，営業保証金の額が第二十五条第二項の政令で定める額を超えることとなつたときは，その超過額について，宅地建物取引業者が前条第一項の規定により供託した場合においては，移転前の主たる事務所のもよりの供託所に供託した営業保証金についても，また同様とする。

2　前項の営業保証金の取りもどし（前条第一項の規定により供託した場合における移転前の主たる事務所のもよりの供託所に供託した営業保証金の取りもどしを除く。）は，当該営業保証金につき第二十七条第一項の権利を有する者に対し，六月を下らない一定期間内に申し出るべき旨を公告し，その期間内にその申出がなかつた場合でなければ，これをすることができない。ただし，営業保証金を取りもどすことができる事由が発生した時から十年を経過したときは，この限りでない。

（第三項省略）

第五章　業　務

第一節　通　則

（宅地建物取引業者の業務処理の原則）

第三十一条　宅地建物取引業者は，取引の関係者に対し，信義を旨とし，誠実にその業務を行なわなければならない。

①（従業者の教育）

第三十一条の二　宅地建物取引業者は，その従業者に対し，その業務を適正に実施させるため，必要な教育を行うよう努めなければばならない。

④（宅地建物取引士の設置）

第三十一条の三　宅地建物取引業者は，その事務所その他国土交通省令で定める場所（以下この条及び第五十条第一項において「事務所等」という。）ごとに，事務所等の規模，業務内容等を考慮して国土交通省令で定める数の成年者である専任の宅地建物取引士を置かなければならない。

2　前項の場合において，宅地建物取引業者（法人である場合においては，その役員（業務を執行する社員，取締役，執行役又はこれらに準ずる者をいう。））が宅地建物取引士であるときは，その者が自ら主として業務に従事する事務所等については，その者は，その事務所等に置かれる成年者である専任の宅地建物取引士とみなす。

3　宅地建物取引業者は，第一項の規定に抵触する事務所等を開設してはならず，既存の事務所等が同項の規定に抵触するに至つたときは，二週間以内に，同項の規定に適合させるため必要な措置を執らなければならない。

⑤（誇大広告等の禁止）

第三十二条　宅地建物取引業者は，その業務に関して広告をするときは，当該広告に係る宅地又は建物の所在，規模，形質若しくは現在若しくは将来の利用の制限，環境若しくは交通その他の利便又は代金，借賃等の対価の額若しくはその支払方法若しくは代金若しくは交換差金に関する金銭の貸借のあつせんについて，著しく事実に相違する表示をし，又は実際のものよりも著しく優良であり，若しくは有利であると人を誤認させるような表示をしてはならない。

⑤（広告の開始時期の制限）

第三十三条　宅地建物取引業者は，宅地の造成又は建物の建築に関する工事の完了前においては，当該工事に関し必要とされる都市計画法第二十九条第一項又は第二項の許可，建築基準法（昭和二十五年法律第二百一号）第六条第一項の確認その他法令に基づく許可等の処分で政令で定めるものがあつた後でなければ，当該工事に係る宅地又は建物の売買その他の業務に関する広告をしてはならない。

②（自己の所有に属しない宅地又は建物の売買契約締結の制限）

第三十三条の二　宅地建物取引業者は，自己の所有に属しない宅地又は建物について，自ら売主となる売買契約（予約を含む。）を締結してはならない。ただし，次の各号のいずれかに該当する場合は，この限りでない。

一　宅地建物取引業者が当該宅地又は建物を取得する契約（予約を含み，その効力の発生が条件に係るものを除く。）を締結しているときその他宅地建物取引業者が当該宅地又は建物を取得できることが明らかな場合で国土交通省令・内閣府令で定めるとき。

二　当該宅地又は建物の売買が第四十一条第一項に規定する売買に該当する場合で当該売買に関して同項第一号又は第二号に掲げる措置が講じられているとき。

⑤（取引態様の明示）

第三十四条　宅地建物取引業者は，宅地又は建物の売買，交換又は貸借に関する広告をするときは，自己が契約の当事者となつて当該売買若しくは交換を成立させるか，代理人として当該売買，交換若しくは貸借を成立させるか，又は媒介して当該売買，交換若しくは貸借を成立させるかの別（次項において「取引態様の別」という。）を明示しなければならない。

2　宅地建物取引業者は，宅地又は建物の売買，交換又は貸借に関する注文を受けたときは，遅滞なく，その注文をした者に対し，取引態様の別を明らかにしなければならない。

⑤（媒介契約）

第三十四条の二　宅地建物取引業者は，宅地又は建物の売買又は交換の媒介の契約（以下この条において「媒介契約」という。）

を締結したときは，遅滞なく，次に掲げる事項を記載した書面を作成して記名押印し，依頼者にこれを交付しなければならない。

一　当該宅地の所在，地番その他当該宅地を特定するために必要な表示又は当該建物の所在，種類，構造その他当該建物を特定するために必要な表示

二　当該宅地又は建物を売買すべき価額又はその評価額

三　当該宅地又は建物について，依頼者が他の宅地建物取引業者に重ねて売買又は交換の媒介又は代理を依頼することの許否及びこれを許す場合の他の宅地建物取引業者を明示する義務の存否に関する事項

四　当該建物が既存の建物であるときは，依頼者に対する建物状況調査（建物の構造耐力上主要な部分又は雨水の浸入を防止する部分として国土交通省令で定めるもの（第三十七条第一項第二号の二において「建物の構造耐力上主要な部分等」という。）の状況の調査であつて，経年変化その他の建物に生じる事象に関する知識及び能力を有する者として国土交通省令で定める者が実施するものをいう。第三十五条第一項第六号の二イにおいて同じ。）を実施する者のあつせんに関する事項

五　媒介契約の有効期間及び解除に関する事項

六　当該宅地又は建物の第五項に規定する指定流通機構への登録に関する事項

七　報酬に関する事項

八　その他国土交通省令・内閣府令で定める事項

2　宅地建物取引業者は，前項第二号の価額又は評価額について意見を述べるときは，その根拠を明らかにしなければならない。

3　依頼者が他の宅地建物取引業者に重ねて売買又は交換の媒介又は代理を依頼することを禁ずる媒介契約（以下「専任媒介契約」という。）の有効期間は，三月を超えることができない。これより長い期間を定めたときは，その期間は，三月とする。

4　前項の有効期間は，依頼者の申出により，更新することができる。ただし，更新の時から三月を超えることができない。

5　宅地建物取引業者は，専任媒介契約を締結したときは，契約の相手方を探索するため，国土交通省令で定める期間内に，当該専任媒介契約の目的物である宅地又は建物につき，所在，規模，形質，売買すべき価額その他国土交通省令で定める事項を，国土交通省令で定めるところにより，国土交通大臣が指定する者（以下「指定流通機構」という。）に登録しなければならない。

6　前項の規定による登録をした宅地建物取引業者は，第五十条の六に規定する登録を証する書面を遅滞なく依頼者に引き渡さなければならない。

7　前項の宅地建物取引業者は，第五項の規定による登録に係る宅地又は建物の売買又は交換の契約が成立したときは，国土交通省令で定めるところにより，遅滞なく，その旨を当該登録に係る指定流通機構に通知しなければならない。

8　媒介契約を締結した宅地建物取引業者は，当該媒介契約の目的物である宅地又は建物の売買又は交換の申込みがあつたときは，遅滞なく，その旨を依頼者に報告しなければならない。

9　専任媒介契約を締結した宅地建物取引業者は，前項に定めるもののほか，依頼者に対し，当該専任媒介契約に係る業務の処理状況を二週間に一回以上（依頼者が当該宅地建物取引業者が探索した相手方以外の者と売買又は交換の契約を締結することができない旨の特約を含む専任媒介契約にあつては，一週間に一回以上）報告しなければならない。

10　第三項から第六項まで及び前二項の規定に反する特約は，無効とする。

11　宅地建物取引業者は，第一項の書面の交付に代えて，政令で定めるところにより，

依頼者の承諾を得て，当該書面に記載すべき事項を電磁的方法（電子情報処理組織を使用する方法その他の情報通信の技術を利用する方法をいう。以下同じ。）であつて同項の規定による記名押印に代わる措置を講ずるものとして国土交通省令で定めるものにより提供することができる。この場合において，当該宅地建物取引業者は，当該書面に記名押印し，これを交付したものとみなす。

12　宅地建物取引業者は，第六項の規定による書面の引渡しに代えて，政令で定めるところにより，依頼者の承諾を得て，当該書面において証されるべき事項を電磁的方法であつて国土交通省令で定めるものにより提供することができる。この場合において，当該宅地建物取引業者は，当該書面を引き渡したものとみなす。

（代理契約）

第三十四条の三　前条の規定は，宅地建物取引業者に宅地又は建物の売買又は交換の代理を依頼する契約について準用する。

5 **（重要事項の説明等）**

第三十五条　宅地建物取引業者は，宅地若しくは建物の売買，交換若しくは貸借の相手方若しくは代理を依頼した者又は宅地建物取引業者が行う媒介に係る売買，交換若しくは貸借の各当事者（以下「宅地建物取引業者の相手方等」という。）に対して，その者が取得し，又は借りようとしている宅地又は建物に関し，その売買，交換又は貸借の契約が成立するまでの間に，宅地建物取引士をして，少なくとも次に掲げる事項について，これらの事項を記載した書面（第五号において図面を必要とするときは，図面）を交付して説明をさせなければならない。

一　当該宅地又は建物の上に存する登記された権利の種類及び内容並びに登記名義人又は登記簿の表題部に記録された所有者の氏名（法人にあつては，その名称）

二　都市計画法，建築基準法その他の法令に基づく制限で契約内容の別（当該契約の目的物が宅地であるか又は建物であるかの別及び当該契約が売買若しくは交換の契約であるか又は貸借の契約であるかの別をいう。以下この条において同じ。）に応じて政令で定めるものに関する事項の概要

三　当該契約が建物の貸借の契約以外のものであるときは，私道に関する負担に関する事項

四　飲用水，電気及びガスの供給並びに排水のための施設の整備の状況（これらの施設が整備されていない場合においては，その整備の見通し及びその整備についての特別の負担に関する事項）

五　当該宅地又は建物が宅地の造成又は建築に関する工事の完了前のものであるときは，その完了時における形状，構造その他国土交通省令・内閣府令で定める事項

六　当該建物が建物の区分所有等に関する法律（昭和三十七年法律第六十九号）第二条第一項に規定する区分所有権の目的であるものであるときは，当該建物を所有するための一棟の建物の敷地に関する権利の種類及び内容，同条第四項に規定する共用部分に関する規約の定めその他の一棟の建物又はその敷地（一団地内に数棟の建物があつて，その団地内の土地又はこれに関する権利がそれらの建物の所有者の共有に属する場合には，その土地を含む。）に関する権利及びこれらの管理又は使用に関する事項で契約内容の別に応じて国土交通省令・内閣府令で定めるもの

六の二　当該建物が既存の建物であるときは，次に掲げる事項

イ　建物状況調査（実施後国土交通省令で定める期間を経過していないものに限る。）を実施しているかどうか，及びこれを実施している場合におけるその結果の概要

ロ　設計図書，点検記録その他の建物の建築及び維持保全の状況に関する書類で国土交通省令で定めるものの保存の状況

七　代金，交換差金及び借賃以外に授受される金銭の額及び当該金銭の授受の目的

八　契約の解除に関する事項

九　損害賠償額の予定又は違約金に関する事項

十　第四十一条第一項に規定する手付金等を受領しようとする場合における同条又は第四十一条の二の規定による措置の概要

十一　支払金又は預り金（宅地建物取引業者の相手方等からその取引の対象となる宅地又は建物に関し受領する代金，交換差金，借賃その他の金銭（第四十一条第一項又は第四十一条の二第一項の規定により保全の措置が講ぜられている手付金等を除く。）であつて国土交通省令・内閣府令で定めるものをいう。第六十四条の三第二項第一号において同じ。）を受領しようとする場合において，同号の規定による保証の措置その他国土交通省令・内閣府令で定める保全措置を講ずるかどうか，及びその措置を講ずる場合におけるその措置の概要

十二　代金又は交換差金に関する金銭の貸借のあつせんの内容及び当該あつせんに係る金銭の貸借が成立しないときの措置

十三　当該宅地又は建物が種類又は品質に関して契約の内容に適合しない場合におけるその不適合を担保すべき責任の履行に関し保証保険契約の締結その他の措置で国土交通省令・内閣府令で定めるものを講ずるかどうか，及びその措置を講ずる場合におけるその措置の概要

十四　その他宅地建物取引業者の相手方等の利益の保護の必要性及び契約内容の別を勘案して，次のイ又はロに掲げる場合の区分に応じ，それぞれ当該イ又はロに定める命令で定める事項

イ　事業を営む場合以外の場合において宅地又は建物を買い，又は借りようとする個人である宅地建物取引業者の相手方等の利益の保護に資する事項を定める場合　国土交通省令・内閣府令

ロ　イに規定する事項以外の事項を定める場合　国土交通省令

2　宅地建物取引業者は，宅地又は建物の割賦販売（代金の全部又は一部について，目的物の引渡し後一年以上の期間にわたり，かつ，二回以上に分割して受領することを条件として販売することをいう。以下同じ。）の相手方に対して，その者が取得しようとする宅地又は建物に関し，その割賦販売の契約が成立するまでの間に，宅地建物取引士をして，前項各号に掲げる事項のほか，次に掲げる事項について，これらの事項を記載した書面を交付して説明をさせなければならない。

一　現金販売価格（宅地又は建物の引渡しまでにその代金の全額を受領する場合の価格をいう。）

二　割賦販売価格（割賦販売の方法により販売する場合の価格をいう。）

三　宅地又は建物の引渡しまでに支払う金銭の額及び賦払金（割賦販売の契約に基づく各回ごとの代金の支払分で目的物の引渡し後のものをいう。第四十二条第一項において同じ。）の額並びにその支払の時期及び方法

3　宅地建物取引業者は，宅地又は建物に係る信託（当該宅地建物取引業者を委託者とするものに限る。）の受益権の売主となる場合における売買の相手方に対して，その者が取得しようとしている信託の受益権に係る信託財産である宅地又は建物に関し，その売買の契約が成立するまでの間に，宅地建物取引士をして，少なくとも次に掲げる事項について，これらの事項を記載した書面（第五号において図面を必要とするときは，図面）を交付して説明をさせなければならない。ただし，その売買の相手方の

利益の保護のため支障を生ずることがない場合として国土交通省令で定める場合は，この限りでない。

一　当該信託財産である宅地又は建物の上に存する登記された権利の種類及び内容並びに登記名義人又は登記簿の表題部に記録された所有者の氏名（法人にあつては，その名称）

二　当該信託財産である宅地又は建物に係る都市計画法，建築基準法その他の法令に基づく制限で政令で定めるものに関する事項の概要

三　当該信託財産である宅地又は建物に係る私道に関する負担に関する事項

四　当該信託財産である宅地又は建物に係る飲用水，電気及びガスの供給並びに排水のための施設の整備の状況（これらの施設が整備されていない場合においては，その整備の見通し及びその整備についての特別の負担に関する事項）

五　当該信託財産である宅地又は建物が宅地の造成又は建築に関する工事の完了前のものであるときは，その完了時における形状，構造その他国土交通省令で定める事項

六　当該信託財産である建物が建物の区分所有等に関する法律第二条第一項に規定する区分所有権の目的であるものであるときは，当該建物を所有するための一棟の建物の敷地に関する権利の種類及び内容，同条第四項に規定する共用部分に関する規約の定めその他の一棟の建物又はその敷地（一団地内に数棟の建物があつて，その団地内の土地又はこれに関する権利がそれらの建物の所有者の共有に属する場合には，その土地を含む。）に関する権利及びこれらの管理又は使用に関する事項で国土交通省令で定めるもの

七　その他当該信託の受益権の売買の相手方の利益の保護の必要性を勘案して国土交通省令で定める事項

4　宅地建物取引士は，前三項の説明をするときは，説明の相手方に対し，宅地建物取引士証を提示しなければならない。

5　第一項から第三項までの書面の交付に当たつては，宅地建物取引士は，当該書面に記名しなければならない。

6　次の表の第一欄に掲げる者が宅地建物取引業者である場合においては，同表の第二欄に掲げる規定の適用については，これらの規定中同表の第三欄に掲げる字句は，それぞれ同表の第四欄に掲げる字句とし，前二項の規定は，適用しない。

宅地建物取引業者の相手方等	第一項	宅地建物取引士をして，少なくとも次に掲げる事項について，これらの事項	少なくとも次に掲げる事項
		交付して説明をさせなければ	交付しなければ
第二項に規定する宅地又は建物の割賦販売の相手方	第二項	宅地建物取引士をして，前項各号に掲げる事項のほか，次に掲げる事項について，これらの事項	前項各号に掲げる事項のほか，次に掲げる事項
		交付して説明をさせなければ	交付しなければ

7　宅地建物取引業者は，前項の規定により読み替えて適用する第一項又は第二項の規定により交付すべき書面を作成したときは，宅地建物取引士をして，当該書面に記名させなければならない。

8　宅地建物取引業者は，第一項から第三項までの規定による書面の交付に代えて，政令で定めるところにより，第一項に規定する宅地建物取引業者の相手方等，第二項に規定する宅地若しくは建物の割賦販売の相手方又は第三項に規定する売買の相手方の承諾を得て，宅地建物取引士に，当該書面に記載すべき事項を電磁的方法であつて第五項の規定による措置に代わる措置を講ずるものとして国土交通省令で定めるものにより提供させることができる。この場合において，当該宅地建物取引業者は，当該宅地建物取引士に当該書面を交付させたもの

とみなし，同項の規定は，適用しない。

9　宅地建物取引業者は，第六項の規定により読み替えて適用する第一項又は第二項の規定による書面の交付に代えて，政令で定めるところにより，第六項の規定により読み替えて適用する第一項に規定する宅地建物取引業者の相手方等である宅地建物取引業者又は第六項の規定により読み替えて適用する第二項に規定する宅地若しくは建物の割賦販売の相手方である宅地建物取引業者の承諾を得て，当該書面に記載すべき事項を電磁的方法であつて第七項の規定による措置に代わる措置を講ずるものとして国土交通省令で定めるものにより提供することができる。この場合において，当該宅地建物取引業者は，当該書面を交付したものとみなし，同項の規定は，適用しない。

1 **（供託所等に関する説明）**

第三十五条の二　宅地建物取引業者は，宅地建物取引業者の相手方等（宅地建物取引業者に該当する者を除く。）に対して，当該売買，交換又は貸借の契約が成立するまでの間に，当該宅地建物取引業者が第六十四条の二第一項の規定により指定を受けた一般社団法人の社員でないときは第一号に掲げる事項について，当該宅地建物取引業者が同項の規定により指定を受けた一般社団法人の社員であるときは，第六十四条の八第一項の規定により国土交通大臣の指定する弁済業務開始日前においては第一号及び第二号に掲げる事項について，当該弁済業務開始日以後においては第二号に掲げる事項について説明をするようにしなければならない。

一　営業保証金を供託した主たる事務所の最寄りの供託所及びその所在地

二　社員である旨，当該一般社団法人の名称，住所及び事務所の所在地並びに第六十四条の七第二項の供託所及びその所在地

（契約締結等の時期の制限）

第三十六条　宅地建物取引業者は，宅地の造成又は建物の建築に関する工事の完了前においては，当該工事に関し必要とされる都市計画法第二十九条第一項又は第二項の許可，建築基準法第六条第一項の確認その他法令に基づく許可等の処分で政令で定めるものがあつた後でなければ，当該工事に係る宅地又は建物につき，自ら当事者として，若しくは当事者を代理してその売買若しくは交換の契約を締結し，又はその売買若しくは交換の媒介をしてはならない。

5 **（書面の交付）**

第三十七条　宅地建物取引業者は，宅地又は建物の売買又は交換に関し，自ら当事者として契約を締結したときはその相手方に，当事者を代理して契約を締結したときはその相手方及び代理を依頼した者に，その媒介により契約が成立したときは当該契約の各当事者に，遅滞なく，次に掲げる事項を記載した書面を交付しなければならない。

一　当事者の氏名（法人にあつては，その名称）及び住所

二　当該宅地の所在，地番その他当該宅地を特定するために必要な表示又は当該建物の所在，種類，構造その他当該建物を特定するために必要な表示

二の二　当該建物が既存の建物であるときは，建物の構造耐力上主要な部分等の状況について当事者の双方が確認した事項

三　代金又は交換差金の額並びにその支払の時期及び方法

四　宅地又は建物の引渡しの時期

五　移転登記の申請の時期

六　代金及び交換差金以外の金銭の授受に関する定めがあるときは，その額並びに当該金銭の授受の時期及び目的

七　契約の解除に関する定めがあるときは，その内容

八　損害賠償額の予定又は違約金に関する定めがあるときは，その内容

九　代金又は交換差金についての金銭の貸

借のあつせんに関する定めがある場合においては，当該あつせんに係る金銭の貸借が成立しないときの措置

十　天災その他不可抗力による損害の負担に関する定めがあるときは，その内容

十一　当該宅地若しくは建物が種類又は品質に関して契約の内容に適合しない場合におけるその不適合を担保すべき責任又は当該責任の履行に関して講ずべき保証保険契約の締結その他の措置についての定めがあるときは，その内容

十二　当該宅地又は建物に係る租税その他の公課の負担に関する定めがあるときは，その内容

2　宅地建物取引業者は，宅地又は建物の貸借に関し，当事者を代理して契約を締結したときはその相手方及び代理を依頼した者に，その媒介により契約が成立したときは当該契約の各当事者に，次に掲げる事項を記載した書面を交付しなければならない。

一　前項第一号，第二号，第四号，第七号，第八号及び第十号に掲げる事項

二　借賃の額並びにその支払の時期及び方法

三　借賃以外の金銭の授受に関する定めがあるときは，その額並びに当該金銭の授受の時期及び目的

3　宅地建物取引業者は，前二項の規定により交付すべき書面を作成したときは，宅地建物取引士をして，当該書面に記名させなければならない。

4　宅地建物取引業者は，第一項の規定による書面の交付に代えて，政令で定めるところにより，次の各号に掲げる場合の区分に応じ当該各号に定める者の承諾を得て，当該書面に記載すべき事項を電磁的方法であつて前項の規定による措置に代わる措置を講ずるものとして国土交通省令で定めるものにより提供することができる。この場合において，当該宅地建物取引業者は，当該書面を交付したものとみなし，同項の規定は，適用しない。

一　自ら当事者として契約を締結した場合　当該契約の相手方

二　当事者を代理して契約を締結した場合　当該契約の相手方及び代理を依頼した者

三　その媒介により契約が成立した場合　当該契約の各当事者

5　宅地建物取引業者は，第二項の規定による書面の交付に代えて，政令で定めるところにより，次の各号に掲げる場合の区分に応じ当該各号に定める者の承諾を得て，当該書面に記載すべき事項を電磁的方法であつて第三項の規定による措置に代わる措置を講ずるものとして国土交通省令で定めるものにより提供することができる。この場合において，当該宅地建物取引業者は，当該書面を交付したものとみなし，同項の規定は，適用しない。

一　当事者を代理して契約を締結した場合　当該契約の相手方及び代理を依頼した者

二　その媒介により契約が成立した場合　当該契約の各当事者

5 **（事務所等以外の場所においてした買受けの申込みの撤回等）**

第三十七条の二　宅地建物取引業者が自ら売主となる宅地又は建物の売買契約について，当該宅地建物取引業者の事務所その他国土交通省令・内閣府令で定める場所（以下この条において「事務所等」という。）以外の場所において，当該宅地又は建物の買受けの申込みをした者又は売買契約を締結した買主（事務所等において買受けの申込みをし，事務所等以外の場所において売買契約を締結した買主を除く。）は，次に掲げる場合を除き，書面により，当該買受けの申込みの撤回又は当該売買契約の解除（以下この条において「申込みの撤回等」という。）を行うことができる。この場合において，宅地建物取引業者は，申込みの撤回等に伴う損害賠償又は違約金の支払を請求することができない。

一　買受けの申込みをした者又は買主（以下この条において「申込者等」とい

う。）が，国土交通省令・内閣府令の定めるところにより，申込みの撤回等を行うことができる旨及びその申込みの撤回等を行う場合の方法について告げられた場合において，その告げられた日から起算して八日を経過したとき。

二　申込者等が，当該宅地又は建物の引渡しを受け，かつ，その代金の全部を支払つたとき。

2　申込みの撤回等は，申込者等が前項前段の書面を発した時に，その効力を生ずる。

3　申込みの撤回等が行われた場合においては，宅地建物取引業者は，申込者等に対し，速やかに，買受けの申込み又は売買契約の締結に際し受領した手付金その他の金銭を返還しなければならない。

4　前三項の規定に反する特約で申込者等に不利なものは，無効とする。

②（損害賠償額の予定等の制限）

第三十八条　宅地建物取引業者がみずから売主となる宅地又は建物の売買契約において，当事者の債務の不履行を理由とする契約の解除に伴う損害賠償の額を予定し，又は違約金を定めるときは，これらを合算した額が代金の額の十分の二をこえることとなる定めをしてはならない。

2　前項の規定に反する特約は，代金の額の十分の二をこえる部分について，無効とする。

④（手付の額の制限等）

第三十九条　宅地建物取引業者は，自ら売主となる宅地又は建物の売買契約の締結に際して，代金の額の十分の二を超える額の手付を受領することができない。

2　宅地建物取引業者が，自ら売主となる宅地又は建物の売買契約の締結に際して手付を受領したときは，その手付がいかなる性質のものであつても，買主はその手付を放棄して，当該宅地建物取引業者はその倍額を現実に提供して，契約の解除をすることができる。ただし，その相手方が契約の履行に着手した後は，この限りでない。

3　前項の規定に反する特約で，買主に不利なものは，無効とする。

③（担保責任についての特約の制限）

第四十条　宅地建物取引業者は，自ら売主となる宅地又は建物の売買契約において，その目的物が種類又は品質に関して契約の内容に適合しない場合におけるその不適合を担保すべき責任に関し，民法（明治二十九年法律第八十九号）第五百六十六条に規定する期間についてその目的物の引渡しの日から二年以上となる特約をする場合を除き，同条に規定するものより買主に不利となる特約をしてはならない。

2　前項の規定に反する特約は，無効とする。

③（手付金等の保全）

第四十一条　宅地建物取引業者は，宅地の造成又は建築に関する工事の完了前において行う当該工事に係る宅地又は建物の売買で自ら売主となるものに関しては，次の各号のいずれかに掲げる措置を講じた後でなければ，買主から手付金等（代金の全部又は一部として授受される金銭及び手付金その他の名義をもつて授受される金銭で代金に充当されるものであつて，契約の締結の日以後当該宅地又は建物の引渡し前に支払われるものをいう。以下同じ。）を受領してはならない。ただし，当該宅地若しくは建物について買主への所有権移転の登記がされたとき，買主が所有権の登記をしたとき，又は当該宅地建物取引業者が受領しようとする手付金等の額（既に受領した手付金等があるときは，その額を加えた額）が代金の額の百分の五以下であり，かつ，宅地建物取引業者の取引の実情及びその取引の相手方の利益の保護を考慮して政令で定める額以下であるときは，この限りでない。

一　銀行その他政令で定める金融機関又は国土交通大臣が指定する者（以下この条において「銀行等」という。）との間において，宅地建物取引業者が受領した手付金等の返還債務を負うこととなつた場合において当該銀行等がその債務を連帯して保証することを委託する契約（以下「保証委託契約」という。）を締結し，かつ，当該保証委託契約に基づいて当該銀行等が手付金等の返還債務を連帯して保証することを約する書面を買主に交付すること。

二　保険事業者（保険業法（平成七年法律第百五号）第三条第一項又は第百八十五条第一項の免許を受けて保険業を行う者をいう。以下この号において同じ。）との間において，宅地建物取引業者が受領した手付金等の返還債務の不履行により買主に生じた損害のうち少なくとも当該返還債務の不履行に係る手付金等の額に相当する部分を当該保険事業者がうめることを約する保証保険契約を締結し，かつ，保険証券又はこれに代わるべき書面を買主に交付すること。

2　前項第一号の規定による保証委託契約は，銀行等が次の各号に掲げる要件に適合する保証契約を買主との間において成立させることを内容とするものでなければならない。

一　保証債務が，少なくとも宅地建物取引業者が受領した手付金等の返還債務の全部を保証するものであること。

二　保証すべき手付金等の返還債務が，少なくとも宅地建物取引業者が受領した手付金等に係る宅地又は建物の引渡しまでに生じたものであること。

3　第一項第二号の規定による保証保険契約は，次の各号に掲げる要件に適合するものでなければならない。

一　保険金額が，宅地建物取引業者が受領しようとする手付金等の額（既に受領した手付金等があるときは，その額を加えた額）に相当する金額であること。

二　保険期間が，少なくとも保証保険契約が成立した時から宅地建物取引業者が受領した手付金等に係る宅地又は建物の引渡しまでの期間であること。

4　宅地建物取引業者が，第一項に規定する宅地又は建物の売買を行う場合（同項ただし書に該当する場合を除く。）において，同項第一号又は第二号に掲げる措置を講じないときは，買主は，手付金等を支払わないことができる。

5　宅地建物取引業者は，次の各号に掲げる措置に代えて，政令で定めるところにより，第一項に規定する買主の承諾を得て，電子情報処理組織を使用する方法その他の情報通信の技術を利用する方法であつて，当該各号に掲げる措置に準ずるものとして国土交通省令・内閣府令で定めるものを講じることができる。この場合において，当該国土交通省令・内閣府令で定める措置を講じた者は，当該各号に掲げる措置を講じたものとみなす。

一　第一項第一号に掲げる措置のうち，当該保証委託契約に基づいて当該銀行等が手付金等の返還債務を連帯して保証することを約する書面を買主に交付する措置

二　第一項第二号に掲げる措置のうち，保険証券に代わるべき書面を買主に交付する措置

2 **第四十一条の二**　宅地建物取引業者は，自ら売主となる宅地又は建物の売買（前条第一項に規定する売買を除く。）に関しては，同項第一号若しくは第二号に掲げる措置を講じた後又は次の各号に掲げる措置をいずれも講じた後でなければ，買主から手付金等を受領してはならない。ただし，当該宅地若しくは建物について買主への所有権移転の登記がされたとき，買主が所有権の登記をしたとき，又は当該宅地建物取引業者が受領しようとする手付金等の額（既に受領した手付金等があるときは，その額を加えた額）が代金の額の十分の一以下であり，かつ，宅地建物取引業者の取引の実情及びその取引の相手方の利益の保護を考慮して政令で定める額以下であるときは，この限りでない。

一　国土交通大臣が指定する者（以下「指定保管機関」という。）との間において，宅地建物取引業者が自己に代理して当該

指定保管機関に当該手付金等を受領させることとするとともに，当該指定保管機関が，当該宅地建物取引業者が受領した手付金等の額に相当する額の金銭を保管することを約する契約（以下「手付金等寄託契約」という。）を締結し，かつ，当該手付金等寄託契約を証する書面を買主に交付すること。

二　買主との間において，買主が宅地建物取引業者に対して有することとなる手付金等の返還を目的とする債権の担保として，手付金等寄託契約に基づく寄託金の返還を目的とする債権について質権を設定する契約（以下「質権設定契約」という。）を締結し，かつ，当該質権設定契約を証する書面を買主に交付し，及び当該質権設定契約による質権の設定を民法第四百六十七条の規定による確定日付のある証書をもつて指定保管機関に通知すること。

2　前項第一号の規定による手付金等寄託契約は，次の各号に掲げる要件に適合するものでなければならない。

一　保管される金額が，宅地建物取引業者が受領しようとする手付金等の額（既に受領した手付金等で指定保管機関に保管されていないものがあるときは，その保管されていないものの額を加えた額）に相当する金額であること。

二　保管期間が，少なくとも指定保管機関が宅地建物取引業者に代理して手付金等を受領した時から当該手付金等に係る宅地又は建物の引渡しまでの期間であること。

3　第一項第二号の規定による質権設定契約は，設定される質権の存続期間が，少なくとも当該質権が設定された時から宅地建物取引業者が受領した手付金等に係る宅地又は建物の引渡しまでの期間であるものでなければならない。

4　宅地建物取引業者は，第一項各号に掲げる措置を講ずる場合において，既に自ら手付金等を受領しているときは，自ら受領した手付金等の額に相当する額（既に指定保管機関が保管する金銭があるときは，その額を除いた額）の金銭を，買主が手付金等の支払をする前に，指定保管機関に交付しなければならない。

5　宅地建物取引業者が，第一項に規定する宅地又は建物の売買を行う場合（同項ただし書に該当する場合を除く。）において，前条第一項第一号若しくは第二号に掲げる措置を講じないとき，第一項各号の一に掲げる措置を講じないとき，又は前項の規定による金銭の交付をしないときは，買主は，手付金等を支払わないことができる。

6　宅地建物取引業者は，次の各号に掲げる措置に代えて，政令で定めるところにより，第一項に規定する買主の承諾を得て，電子情報処理組織を使用する方法その他の情報通信の技術を利用する方法であつて，当該各号に掲げる措置に準ずるものとして国土交通省令・内閣府令で定めるものを講じることができる。この場合において，当該国土交通省令・内閣府令で定める措置を講じた者は，当該各号に掲げる措置を講じたものとみなす。

一　第一項第一号に掲げる措置のうち，当該手付金等寄託契約を証する書面を買主に交付する措置

二　第一項第二号に掲げる措置のうち，当該質権設定契約を証する書面を買主に交付する措置

1 **（宅地又は建物の割賦販売の契約の解除等の制限）**

第四十二条　宅地建物取引業者は，みずから売主となる宅地又は建物の割賦販売の契約について賦払金の支払の義務が履行されない場合においては，三十日以上の相当の期間を定めてその支払を書面で催告し，その期間内にその義務が履行されないときでなければ，賦払金の支払の遅滞を理由として，契約を解除し，又は支払時期の到来していない賦払金の支払を請求することができな

い。

2　前項の規定に反する特約は，無効とする。

5（所有権留保等の禁止）

第四十三条　宅地建物取引業者は，みずから売主として宅地又は建物の割賦販売を行なつた場合には，当該割賦販売に係る宅地又は建物を買主に引き渡すまで（当該宅地又は建物を引き渡すまでに代金の額の十分の三をこえる額の金銭の支払を受けていない場合にあつては，代金の額の十分の三をこえる額の金銭の支払を受けるまで）に，登記その他引渡し以外の売主の義務を履行しなければならない。ただし，買主が，当該宅地又は建物につき所有権の登記をした後の代金債務について，これを担保するための抵当権若しくは不動産売買の先取特権の登記を申請し，又はこれを保証する保証人を立てる見込みがないときは，この限りでない。

2　宅地建物取引業者は，みずから売主として宅地又は建物の割賦販売を行なつた場合において，当該割賦販売に係る宅地又は建物を買主に引き渡し，かつ，代金の額の十分の三をこえる額の金銭の支払を受けた後は，担保の目的で当該宅地又は建物を譲り受けてはならない。

3　宅地建物取引業者は，みずから売主として宅地又は建物の売買を行なつた場合において，代金の全部又は一部に充てるための買主の金銭の借入れで，当該宅地又は建物の引渡し後一年以上の期間にわたり，かつ，二回以上に分割して返還することを条件とするものに係る債務を保証したときは，当該宅地又は建物を買主に引き渡すまで（当該宅地又は建物を引き渡すまでに受領した代金の額から当該保証に係る債務で当該宅地又は建物を引き渡すまでに弁済されていないものの額を控除した額が代金の額の十分の三をこえていない場合にあつては，受領した代金の額から当該保証に係る債務で弁済されていないものの額を控除した額が代金の額の十分の三をこえるまで）に，登記その他引渡し以外の売主の義務を履行しなければならない。ただし，宅地建物取引業者が当該保証債務を履行した場合に取得する求償権及び当該宅地又は建物につき買主が所有権の登記をした後の代金債権について，買主が，これを担保するための抵当権若しくは不動産売買の先取特権の登記を申請し，又はこれを保証する保証人を立てる見込みがないときは，この限りでない。

4　宅地建物取引業者は，みずから売主として宅地又は建物の売買を行なつた場合において，当該宅地又は建物の代金の全部又は一部に充てるための買主の金銭の借入れで，当該宅地又は建物の引渡し後一年以上の期間にわたり，かつ，二回以上に分割して返還することを条件とするものに係る債務を保証したときは，当該売買に係る宅地又は建物を買主に引き渡し，かつ，受領した代金の額から当該保証に係る債務で弁済されていないものの額を控除した額が代金の額の十分の三をこえる額の金銭の支払を受けた後は，担保の目的で当該宅地又は建物を譲り受けてはならない。

（不当な履行遅延の禁止）

第四十四条　宅地建物取引業者は，その業務に関してなすべき宅地若しくは建物の登記若しくは引渡し又は取引に係る対価の支払を不当に遅延する行為をしてはならない。

3（秘密を守る義務）

第四十五条　宅地建物取引業者は，正当な理由がある場合でなければ，その業務上取り扱つたことについて知り得た秘密を他に漏らしてはならない。宅地建物取引業を営まなくなつた後であつても，また同様とする。

5（報酬）

第四十六条　宅地建物取引業者が宅地又は建物の売買，交換又は貸借の代理又は媒介に関して受けることのできる報酬の額は，国土交通大臣の定めるところによる。

2　宅地建物取引業者は，前項の額をこえて報酬を受けてはならない。

3　国土交通大臣は，第一項の報酬の額を定めたときは，これを告示しなければならない。

4　宅地建物取引業者は，その事務所ごとに，公衆の見やすい場所に，第一項の規定により国土交通大臣が定めた報酬の額を掲示しなければならない。

5（業務に関する禁止事項）

第四十七条　宅地建物取引業者は，その業務に関して，宅地建物取引業者の相手方等に対し，次に掲げる行為をしてはならない。

一　宅地若しくは建物の売買，交換若しくは貸借の契約の締結について勧誘をするに際し，又はその契約の申込みの撤回若しくは解除若しくは宅地建物取引業に関する取引により生じた債権の行使を妨げるため，次のいずれかに該当する事項について，故意に事実を告げず，又は不実のことを告げる行為

イ　第三十五条第一項各号又は第二項各号に掲げる事項

ロ　第三十五条の二各号に掲げる事項

ハ　第三十七条第一項各号又は第二項各号（第一号を除く。）に掲げる事項

ニ　イからハまでに掲げるもののほか，宅地若しくは建物の所在，規模，形質，現在若しくは将来の利用の制限，環境，交通等の利便，代金，借賃等の対価の額若しくは支払方法その他の取引条件又は当該宅地建物取引業者若しくは取引の関係者の資力若しくは信用に関する事項であつて，宅地建物取引業者の相手方等の判断に重要な影響を及ぼすこととなるもの

二　不当に高額の報酬を要求する行為

三　手付について貸付けその他信用の供与をすることにより契約の締結を誘引する行為

2**第四十七条の二**　宅地建物取引業者又はその代理人，使用人その他の従業者（以下この条において「宅地建物取引業者等」という。）は，宅地建物取引業に係る契約の締結の勧誘をするに際し，宅地建物取引業者の相手方等に対し，利益を生ずることが確実であると誤解させるべき断定的判断を提供する行為をしてはならない。

2　宅地建物取引業者等は，宅地建物取引業に係る契約を締結させ，又は宅地建物取引業に係る契約の申込みの撤回若しくは解除を妨げるため，宅地建物取引業者の相手方等を威迫してはならない。

3　宅地建物取引業者等は，前二項に定めるもののほか，宅地建物取引業に係る契約の締結に関する行為又は申込みの撤回若しくは解除の妨げに関する行為であつて，第三十五条第一項第十四号イに規定する宅地建物取引業者の相手方等の利益の保護に欠けるものとして国土交通省令・内閣府令で定めるもの及びその他の宅地建物取引業者の相手方等の利益の保護に欠けるものとして国土交通省令で定めるものをしてはならない。

1（宅地建物取引業の業務に関し行つた行為の取消しの制限）

第四十七条の三　宅地建物取引業者（個人に限り，未成年者を除く。）が宅地建物取引業の業務に関し行つた行為は，行為能力の制限によつては取り消すことができない。

5（証明書の携帯等）

第四十八条　宅地建物取引業者は，国土交通省令の定めるところにより，従業者に，その従業者であることを証する証明書を携帯させなければ，その者をその業務に従事させてはならない。

2　従業者は，取引の関係者の請求があつたときは，前項の証明書を提示しなければならない。

3　宅地建物取引業者は，国土交通省令で定めるところにより，その事務所ごとに，従業者名簿を備え，従業者の氏名，第一項の証明書の番号その他国土交通省令で定める事項を記載しなければならない。

4　宅地建物取引業者は，取引の関係者から請求があつたときは，前項の従業者名簿をその者の閲覧に供しなければならない。

④（帳簿の備付け）

第四十九条　宅地建物取引業者は，国土交通省令の定めるところにより，その事務所ごとに，その業務に関する帳簿を備え，宅地建物取引業に関し取引のあつたつど，その年月日，その取引に係る宅地又は建物の所在及び面積その他国土交通省令で定める事項を記載しなければならない。

③（標識の掲示等）

第五十条　宅地建物取引業者は，事務所等及び事務所等以外の国土交通省令で定めるその業務を行う場所ごとに，公衆の見やすい場所に，国土交通省令で定める標識を掲げなければならない。

2　宅地建物取引業者は，国土交通省令の定めるところにより，あらかじめ，第三十一条の三第一項の国土交通省令で定める場所について所在地，業務内容，業務を行う期間及び専任の宅地建物取引士の氏名を免許を受けた国土交通大臣又は都道府県知事及びその所在地を管轄する都道府県知事に届け出なければならない。

第二節　指定流通機構

（指定流通機構の業務）

第五十条の三　指定流通機構は，この節の定めるところにより，次に掲げる業務を行うものとする。

一　専任媒介契約その他の宅地建物取引業に係る契約の目的物である宅地又は建物の登録に関すること。

二　前号の登録に係る宅地又は建物についての情報を，宅地建物取引業者に対し，定期的に又は依頼に応じて提供すること。

三　前二号に掲げるもののほか，前号の情報に関する統計の作成その他宅地及び建物の取引の適正の確保及び流通の円滑化を図るために必要な業務

（第二項省略）

（登録を証する書面の発行）

第五十条の六　指定流通機構は，第三十四条の二第五項の規定による登録があつたときは，国土交通省令で定めるところにより，当該登録をした宅地建物取引業者に対し，当該登録を証する書面を発行しなければならない。

第五章の二　宅地建物取引業保証協会

①（指定）

第六十四条の二　国土交通大臣は，次に掲げる要件を備える者の申請があつた場合において，その者が次条第一項各号に掲げる業務の全部について適正な計画を有し，かつ，確実にその業務を行うことができると認められるときは，この章に定めるところにより同項各号に掲げる業務を行う者として，指定することができる。

一　申請者が一般社団法人であること。

二　申請者が宅地建物取引業者のみを社員とするものであること。

三　申請者が第六十四条の二十二第一項の規定により指定を取り消され，その取消しの日から五年を経過しない者でないこと。

四　申請者の役員のうちに次のいずれかに該当する者がないこと。

イ　第五条第一項第一号から第八号までのいずれかに該当する者

ロ　指定を受けた者（以下この章において「宅地建物取引業保証協会」という。）が第六十四条の二十二第一項の規定により指定を取り消された場合において，当該取消しに係る聴聞の期日及び場所の公示の日前六十日以内にその役員であつた者で当該取消しの日から五年を経過しないもの

ハ　心身の故障により宅地建物取引業保証協会の業務を適正に行うことができない者として国土交通省令で定めるもの

（第二項～第五項省略）

②（業務）

第六十四条の三　宅地建物取引業保証協会は，次に掲げる業務をこの章に定めるところにより適正かつ確実に実施しなければならな

い。

一　宅地建物取引業者の相手方等からの社員の取り扱つた宅地建物取引業に係る取引に関する苦情の解決

二　宅地建物取引士その他宅地建物取引業の業務に従事し，又は従事しようとする者（以下「宅地建物取引士等」という。）に対する研修

三　社員と宅地建物取引業に関し取引をした者（社員とその者が社員となる前に宅地建物取引業に関し取引をした者を含み，宅地建物取引業者に該当する者を除く。）の有するその取引により生じた債権に関し弁済をする業務（以下「弁済業務」という。）

2　宅地建物取引業保証協会は，前項の業務のほか，次に掲げる業務を行うことができる。

一　社員である宅地建物取引業者との契約により，当該宅地建物取引業者が受領した支払金又は預り金の返還債務その他宅地建物取引業に関する債務を負うこととなつた場合においてその返還債務その他宅地建物取引業に関する債務を連帯して保証する業務（第六十四条の十七において「一般保証業務」という。）

二　手付金等保管事業

三　全国の宅地建物取引業者を直接又は間接の社員とする一般社団法人による宅地建物取引士等に対する研修の実施に要する費用の助成

3　宅地建物取引業保証協会は，前二項に規定するもののほか，国土交通大臣の承認を受けて，宅地建物取引業の健全な発達を図るため必要な業務を行うことができる。

（第四項省略）

③ **（社員の加入等）**

第六十四条の四　一の宅地建物取引業保証協会の社員である者は，他の宅地建物取引業保証協会の社員となることができない。

2　宅地建物取引業保証協会は，新たに社員が加入し，又は社員がその地位を失つたときは，直ちに，その旨を当該社員である宅地建物取引業者が免許を受けた国土交通大臣又は都道府県知事に報告しなければならない。

3　宅地建物取引業保証協会は，社員が社員となる前（第六十四条の八第一項の規定により国土交通大臣の指定する弁済業務開始日前に社員となつた者については当該弁済業務開始日前）に当該社員と宅地建物取引業に関し取引をした者の有するその取引により生じた債権に関し同項の規定による弁済が行なわれることにより弁済業務の円滑な運営に支障を生ずるおそれがあると認めるときは，当該社員に対し，担保の提供を求めることができる。

③ **（苦情の解決）**

第六十四条の五　宅地建物取引業保証協会は，宅地建物取引業者の相手方等から社員の取り扱つた宅地建物取引業に係る取引に関する苦情について解決の申出があつたときは，その相談に応じ，申出人に必要な助言をし，当該苦情に係る事情を調査するとともに，当該社員に対し当該苦情の内容を通知してその迅速な処理を求めなければならない。

2　宅地建物取引業保証協会は，前項の申出に係る苦情の解決について必要があると認めるときは，当該社員に対し，文書若しくは口頭による説明を求め，又は資料の提出を求めることができる。

3　社員は，宅地建物取引業保証協会から前項の規定による求めがあつたときは，正当な理由がある場合でなければ，これを拒んではならない。

（第四項省略）

（宅地建物取引業に関する研修）

第六十四条の六　宅地建物取引業保証協会は，一定の課程を定め，宅地建物取引士の職務に関し必要な知識及び能力についての研修その他宅地建物取引業の業務に従事し，又は従事しようとする者に対する宅地建物取引業に関する研修を実施しなければならない。

（弁済業務保証金の供託）

1 **第六十四条の七**　宅地建物取引業保証協会は，第六十四条の九第一項又は第二項の規定により弁済業務保証金分担金の納付を受けたときは，その日から一週間以内に，その納付を受けた額に相当する額の弁済業務保証金を供託しなければならない。

2　弁済業務保証金の供託は，法務大臣及び国土交通大臣の定める供託所にしなければならない。

3　第二十五条第三項及び第四項の規定は，第一項の規定により供託する場合に準用する。この場合において，同条第四項中「その旨をその免許を受けた国土交通大臣又は都道府県知事に」とあるのは，「当該供託に係る社員である宅地建物取引業者が免許を受けた国土交通大臣又は都道府県知事に当該社員に係る供託をした旨を」と読み替えるものとする。

4 **（弁済業務保証金の還付等）**

第六十四条の八　宅地建物取引業保証協会の社員と宅地建物取引業に関し取引をした者（社員とその者が社員となる前に宅地建物取引業に関し取引をした者を含み，宅地建物取引業者に該当する者を除く。）は，その取引により生じた債権に関し，当該社員が社員でないとしたならばその者が供託すべき第二十五条第二項の政令で定める営業保証金の額に相当する額の範囲内（当該社員について，既に次項の規定により認証した額があるときはその額を控除し，第六十四条の十第二項の規定により納付を受けた還付充当金があるときはその額を加えた額の範囲内）において，当該宅地建物取引業保証協会が供託した弁済業務保証金について，当該宅地建物取引業保証協会について国土交通大臣の指定する弁済業務開始日以後，弁済を受ける権利を有する。

2　前項の権利を有する者がその権利を実行しようとするときは，同項の規定により弁済を受けることができる額について当該宅地建物取引業保証協会の認証を受けなければならない。

3　宅地建物取引業保証協会は，第一項の権利の実行があつた場合においては，法務省令・国土交通省令で定める日から二週間以内に，その権利の実行により還付された弁済業務保証金の額に相当する額の弁済業務保証金を供託しなければならない。

4　前条第三項の規定は，前項の規定により供託する場合に準用する。

（第五項省略）

2 **（弁済業務保証金分担金の納付等）**

第六十四条の九　次の各号に掲げる者は，当該各号に掲げる日までに，弁済業務保証金に充てるため，主たる事務所及びその他の事務所ごとに政令で定める額の弁済業務保証金分担金を当該宅地建物取引業保証協会に納付しなければならない。

一　宅地建物取引業者で宅地建物取引業保証協会に加入しようとする者　その加入しようとする日

二　第六十四条の二第一項の規定による指定の日にその指定を受けた宅地建物取引業保証協会の社員である者　前条第一項の規定により国土交通大臣の指定する弁済業務開始日の一月前の日

2　宅地建物取引業保証協会の社員は，前項の規定による弁済業務保証金分担金を納付した後に，新たに事務所を設置したとき（第七条第一項各号の一に該当する場合において事務所の増設があつたときを含むものとする。）は，その日から二週間以内に，同項の政令で定める額の弁済業務保証金分担金を当該宅地建物取引業保証協会に納付しなければならない。

3　宅地建物取引業保証協会の社員は，第一項第二号に規定する期日までに，又は前項に規定する期間内に，これらの規定による弁済業務保証金分担金を納付しないときは，その地位を失う。

（第４項省略）

③（還付充当金の納付等）

第六十四条の十　宅地建物取引業保証協会は，第六十四条の八第一項の権利の実行により弁済業務保証金の還付があつたときは，当該還付に係る社員又は社員であつた者に対し，当該還付額に相当する額の還付充当金を宅地建物取引業保証協会に納付すべきことを通知しなければならない。

2　前項の通知を受けた社員又は社員であつた者は，その通知を受けた日から二週間以内に，その通知された額の還付充当金を当該宅地建物取引業保証協会に納付しなければならない。

3　宅地建物取引業保証協会の社員は，前項に規定する期間内に第一項の還付充当金を納付しないときは，その地位を失う。

①（弁済業務保証金の取戻し等）

第六十四条の十一　宅地建物取引業保証協会は，社員が社員の地位を失つたときは当該社員であつた者が第六十四条の九第一項及び第二項の規定により納付した弁済業務保証金分担金の額に相当する額の弁済業務保証金を，社員がその一部の事務所を廃止したため当該社員につき同条第一項及び第二項の規定により納付した弁済業務保証金分担金の額が同条第一項の政令で定める額を超えることになつたときはその超過額に相当する額の弁済業務保証金を取り戻すことができる。

2　宅地建物取引業保証協会は，前項の規定により弁済業務保証金を取りもどしたときは，当該社員であつた者又は社員に対し，その取りもどした額に相当する額の弁済業務保証金分担金を返還する。

（第三項省略）

4　宅地建物取引業保証協会は，社員が社員の地位を失つたときは，当該社員であつた者に係る宅地建物取引業に関する取引により生じた債権に関し第六十四条の八第一項の権利を有する者に対し，六月を下らない一定期間内に同条第二項の規定による認証を受けるため申し出るべき旨を公告しなければならない。

5　宅地建物取引業保証協会は，前項に規定する期間内に申出のなかつた同項の債権に関しては，第六十四条の八第二項の規定による認証をすることができない。

（第六項省略）

（弁済業務保証金準備金）

第六十四条の十二　宅地建物取引業保証協会は，第六十四条の八第三項の規定により弁済業務保証金を供託する場合において還付充当金の納付がなかつたときの弁済業務保証金の供託に充てるため，弁済業務保証金準備金を積み立てなければならない。

2　宅地建物取引業保証協会は，弁済業務保証金（第六十四条の七第三項及び第六十四条の八第四項において準用する第二十五条第三項の規定により供託された有価証券を含む。）から生ずる利息又は配当金を弁済業務保証金準備金に繰り入れなければならない。

3　宅地建物取引業保証協会は，第六十四条の八第三項の規定により弁済業務保証金を供託する場合において，第一項の弁済業務保証金準備金をこれに充ててなお不足するときは，その不足額に充てるため，社員に対し，その者に係る第六十四条の九第一項の政令で定める弁済業務保証金分担金の額に応じ特別弁済業務保証金分担金を宅地建物取引業保証協会に納付すべきことを通知しなければならない。

4　前項の通知を受けた社員は，その通知を受けた日から一月以内に，その通知された額の特別弁済業務保証金分担金を当該宅地建物取引業保証協会に納付しなければならない。

5　第六十四条の十第三項の規定は，前項の場合に準用する。

（第六項・第七項省略）

（営業保証金の供託の免除）

第六十四条の十三　宅地建物取引業保証協会の社員は，第六十四条の八第一項の規定により国土交通大臣の指定する弁済業務開始日以後においては，宅地建物取引業者が供託すべき営業保証金を供託することを要しない。

（供託を免除された場合の営業保証金の取りもどし）

第六十四条の十四　宅地建物取引業者は，前条の規定により営業保証金を供託することを要しなくなつたときは，供託した営業保証金を取りもどすことができる。

2　第三十条第三項の規定は，前項の規定により営業保証金を取りもどす場合に準用する。

（社員の地位を失つた場合の営業保証金の供託）

第六十四条の十五　宅地建物取引業者は，第六十四条の八第一項の規定により国土交通大臣の指定する弁済業務開始日以後に宅地建物取引業保証協会の社員の地位を失つたときは，当該地位を失つた日から一週間以内に，第二十五条第一項から第三項までの規定により営業保証金を供託しなければならない。この場合においては，同条第四項の規定の適用があるものとする。

第六章　監　督

1（指示及び業務の停止）

第六十五条　国土交通大臣又は都道府県知事は，その免許（第五十条の二第一項の認可を含む。次項及び第七十条第二項において同じ。）を受けた宅地建物取引業者が次の各号のいずれかに該当する場合又はこの法律の規定若しくは特定住宅瑕疵担保責任の履行の確保等に関する法律（平成十九年法律第六十六号。以下この条において「履行確保法」という。）第十一条第一項若しくは第六項，第十二条第一項，第十三条，第十五条第一項若しくは履行確保法第十六条において読み替えて準用する履行確保法第七条第一項若しくは第二項若しくは第八条第一項若しくは第二項の規定に違反した場合においては，当該宅地建物取引業者に対して，必要な指示をすることができる。

一　業務に関し取引の関係者に損害を与えたとき又は損害を与えるおそれが大であるとき。

二　業務に関し取引の公正を害する行為をしたとき又は取引の公正を害するおそれが大であるとき。

三　業務に関し他の法令（履行確保法及びこれに基づく命令を除く。）に違反し，宅地建物取引業者として不適当であると認められるとき。

四　宅地建物取引士が，第六十八条又は第六十八条の二第一項の規定による処分を受けた場合において，宅地建物取引業者の責めに帰すべき理由があるとき。

2　国土交通大臣又は都道府県知事は，その免許を受けた宅地建物取引業者が次の各号のいずれかに該当する場合においては，当該宅地建物取引業者に対し，一年以内の期間を定めて，その業務の全部又は一部の停止を命ずることができる。

一　前項第一号又は第二号に該当するとき（認可宅地建物取引業者の行う取引一任代理等に係るものに限る。）。

一の二　前項第三号又は第四号に該当するとき。

二　第十三条，第二十五条第五項（第二十六条第二項において準用する場合を含む。），第二十八条第一項，第三十一条の三第三項，第三十二条，第三十三条の二，第三十四条，第三十四条の二第一項若しくは第二項（第三十四条の三において準用する場合を含む。），第三十五条第一項から第三項まで，第三十六条，第三十七条第一項若しくは第二項，第四十一条第一項，第四十一条の二第一項，第四十三条から第四十五条まで，第四十六条第二項，第四十七条，第四十七条の二，第四十八条第一項若しくは第三項，第六十四条の九第二項，第六十四条の十第二項，第六十四条の十二第四項，第六十四条の十五前段若しくは第六十四条の二十三前段の規定又は履行確保法第十一条第一項，

第十三条若しくは履行確保法第十六条において読み替えて準用する履行確保法第七条第一項の規定に違反したとき。
三　前項又は次項の規定による指示に従わないとき。
四　この法律の規定に基づく国土交通大臣又は都道府県知事の処分に違反したとき。
五　前三号に規定する場合のほか，宅地建物取引業に関し不正又は著しく不当な行為をしたとき。
六　営業に関し成年者と同一の行為能力を有しない未成年者である場合において，その法定代理人（法定代理人が法人である場合においては，その役員を含む。）が業務の停止をしようとするとき以前五年以内に宅地建物取引業に関し不正又は著しく不当な行為をしたとき。
七　法人である場合において，その役員又は政令で定める使用人のうちに業務の停止をしようとするとき以前五年以内に宅地建物取引業に関し不正又は著しく不当な行為をした者があるに至つたとき。
八　個人である場合において，政令で定める使用人のうちに業務の停止をしようとするとき以前五年以内に宅地建物取引業に関し不正又は著しく不当な行為をした者があるに至つたとき。

3　都道府県知事は，国土交通大臣又は他の都道府県知事の免許を受けた宅地建物取引業者で当該都道府県の区域内において業務を行うものが，当該都道府県の区域内における業務に関し，第一項各号のいずれかに該当する場合又はこの法律の規定若しくは履行確保法第十一条第一項若しくは第六項，第十二条第一項，第十三条，第十五条第一項若しくは履行確保法第十六条において読み替えて準用する履行確保法第七条第一項若しくは第二項若しくは第八条第一項若しくは第二項の規定に違反した場合においては，当該宅地建物取引業者に対して，必要な指示をすることができる。

4　都道府県知事は，国土交通大臣又は他の都道府県知事の免許を受けた宅地建物取引業者で当該都道府県の区域内において業務を行うものが，当該都道府県の区域内における業務に関し，次の各号のいずれかに該当する場合においては，当該宅地建物取引業者に対し，一年以内の期間を定めて，その業務の全部又は一部の停止を命ずることができる。
一　第一項第三号又は第四号に該当するとき。
二　第十三条，第三十一条の三第三項（事務所に係る部分を除く。），第三十二条，第三十三条の二，第三十四条，第三十四条の二第一項若しくは第二項（第三十四条の三において準用する場合を含む。），第三十五条第一項から第三項まで，第三十六条，第三十七条第一項若しくは第二項，第四十一条第一項，第四十一条の二第一項，第四十三条から第四十五条まで，第四十六条第二項，第四十七条，第四十七条の二又は第四十八条第一項若しくは第三項の規定に違反したとき。
三　第一項又は前項の規定による指示に従わないとき。
四　この法律の規定に基づく国土交通大臣又は都道府県知事の処分に違反したとき。
五　前三号に規定する場合のほか，不正又は著しく不当な行為をしたとき。

④（免許の取消し）

第六十六条　国土交通大臣又は都道府県知事は，その免許を受けた宅地建物取引業者が次の各号のいずれかに該当する場合においては，当該免許を取り消さなければならない。
一　第五条第一項第一号，第五号から第七号まで，第十号又は第十四号のいずれかに該当するに至つたとき。
二　営業に関し成年者と同一の行為能力を有しない未成年者である場合において，その法定代理人が第五条第一項第一号から第七号まで又は第十号のいずれかに該当するに至つたとき。

三　法人である場合において，その役員又は政令で定める使用人のうちに第五条第一項第一号から第七号まで又は第十号のいずれかに該当する者があるに至つたとき。

四　個人である場合において，政令で定める使用人のうちに第五条第一項第一号から第七号まで又は第十号のいずれかに該当する者があるに至つたとき。

五　第七条第一項各号のいずれかに該当する場合において第三条第一項の免許を受けていないことが判明したとき。

六　免許を受けてから一年以内に事業を開始せず，又は引き続いて一年以上事業を休止したとき。

七　第十一条第一項の規定による届出がなくて同項第三号から第五号までのいずれかに該当する事実が判明したとき。

八　不正の手段により第三条第一項の免許を受けたとき。

九　前条第二項各号のいずれかに該当し情状が特に重いとき又は同条第二項若しくは第四項の規定による業務の停止の処分に違反したとき。

2　国土交通大臣又は都道府県知事は，その免許を受けた宅地建物取引業者が第三条の二第一項の規定により付された条件に違反したときは，当該宅地建物取引業者の免許を取り消すことができる。

第六十七条　国土交通大臣又は都道府県知事は，その免許を受けた宅地建物取引業者の事務所の所在地を確知できないとき，又はその免許を受けた宅地建物取引業者の所在（法人である場合においては，その役員の所在をいう。）を確知できないときは，官報又は当該都道府県の公報でその事実を公告し，その公告の日から三十日を経過しても当該宅地建物取引業者から申出がないときは，当該宅地建物取引業者の免許を取り消すことができる。

2　前項の規定による処分については，行政手続法第三章の規定は，適用しない。

1 **（宅地建物取引士としてすべき事務の禁止等）**

第六十八条　都道府県知事は，その登録を受けている宅地建物取引士が次の各号のいずれかに該当する場合においては，当該宅地建物取引士に対し，必要な指示をすることができる。

一　宅地建物取引業者に自己が専任の宅地建物取引士として従事している事務所以外の事務所の専任の宅地建物取引士である旨の表示をすることを許し，当該宅地建物取引業者がその旨の表示をしたとき。

二　他人に自己の名義の使用を許し，当該他人がその名義を使用して宅地建物取引士である旨の表示をしたとき。

三　宅地建物取引士として行う事務に関し不正又は著しく不当な行為をしたとき。

2　都道府県知事は，その登録を受けている宅地建物取引士が前項各号の一に該当する場合又は同項若しくは次項の規定による指示に従わない場合においては，当該宅地建物取引士に対し，一年以内の期間を定めて，宅地建物取引士としてすべき事務を行うことを禁止することができる。

3　都道府県知事は，当該都道府県の区域内において，他の都道府県知事の登録を受けている宅地建物取引士が第一項各号の一に該当する場合においては，当該宅地建物取引士に対し，必要な指示をすることができる。

4　都道府県知事は，当該都道府県の区域内において，他の都道府県知事の登録を受けている宅地建物取引士が第一項各号の一に該当する場合又は同項若しくは前項の規定による指示に従わない場合においては，当該宅地建物取引士に対し，一年以内の期間を定めて，宅地建物取引士としてすべき事務を行うことを禁止することができる。

3 **（登録の消除）**

第六十八条の二　都道府県知事は，その登録を受けている宅地建物取引士が次の各号のいずれかに該当する場合においては，当該登録を消除しなければならない。

一　第十八条第一項第一号から第八号まで又は第十二号のいずれかに該当するに至つたとき。

二　不正の手段により第十八条第一項の登録を受けたとき。

三　不正の手段により宅地建物取引士証の交付を受けたとき。

四　前条第一項各号のいずれかに該当し情状が特に重いとき又は同条第二項若しくは第四項の規定による事務の禁止の処分に違反したとき。

2　第十八条第一項の登録を受けている者で宅地建物取引士証の交付を受けていないものが次の各号のいずれかに該当する場合においては，当該登録をしている都道府県知事は，当該登録を消除しなければならない。

一　第十八条第一項第一号から第八号まで又は第十二号のいずれかに該当するに至つたとき。

二　不正の手段により第十八条第一項の登録を受けたとき。

三　宅地建物取引士としてすべき事務を行い，情状が特に重いとき。

（聴聞の特例）

第六十九条　国土交通大臣又は都道府県知事は，第六十五条又は第六十八条の規定による処分をしようとするときは，行政手続法第十三条第一項の規定による意見陳述のための手続の区分にかかわらず，聴聞を行わなければならない。

（第二項省略）

1 **（監督処分の公告等）**

第七十条　国土交通大臣又は都道府県知事は，第六十五条第二項若しくは第四項，第六十六条又は第六十七条の二第一項若しくは第二項の規定による処分をしたときは，国土交通省令の定めるところにより，その旨を公告しなければならない。

2　国土交通大臣は，第六十五条第二項の規定による処分（第五十条の二第一項の認可に係る処分に限る。）又は第六十七条の二第一項若しくは第二項の規定による処分をした場合であつて，当該認可宅地建物取引業者が都道府県知事の免許を受けたものであるときは，遅滞なく，その旨を当該都道府県知事に通知しなければならない。

3　都道府県知事は，第六十五条第三項又は第四項の規定による処分をしたときは，遅滞なく，その旨を，当該宅地建物取引業者が国土交通大臣の免許を受けたものであるときは国土交通大臣に報告し，当該宅地建物取引業者が他の都道府県知事の免許を受けたものであるときは当該他の都道府県知事に通知しなければならない。

4　都道府県知事は，第六十八条第三項又は第四項の規定による処分をしたときは，遅滞なく，その旨を当該宅地建物取引士の登録をしている都道府県知事に通知しなければならない。

（指導等）

第七十一条　国土交通大臣はすべての宅地建物取引業者に対して，都道府県知事は当該都道府県の区域内で宅地建物取引業を営む宅地建物取引業者に対して，宅地建物取引業の適正な運営を確保し，又は宅地建物取引業の健全な発達を図るため必要な指導，助言及び勧告をすることができる。

（内閣総理大臣との協議等）

第七十一条の二　国土交通大臣は，その免許を受けた宅地建物取引業者が第三十一条第一項，第三十二条から第三十四条まで，第三十四条の二第一項（第三十四条の三において準用する場合を含む。次項において同じ。），第三十五条（第三項を除き，同条第四項及び第五項にあつては，同条第一項及び第二項に係る部分に限る。次項において同じ。），第三十五条の二から第四十五条まで，第四十七条又は第四十七条の二の規定に違反した場合（当該宅地建物取引業者が，第三十五条第一項第十四号イに規定する宅地建物取引業者の相手方等と契約を締結する場合に限る。）において，第六十五条第一項（第二号から第四号までを除く。）若しくは第二項（第一号及び第一号の二を除く。）又は第六十六条第一項（第一号から第八号までを除く。）の規定による処分をしようとするときは，あらかじめ，内閣総理大臣に協議しなければならない。
（第２項省略）

1（報告及び検査）

第七十二条　国土交通大臣は，宅地建物取引業を営むすべての者に対して，都道府県知事は，当該都道府県の区域内で宅地建物取引業を営む者に対して，宅地建物取引業の適正な運営を確保するため必要があると認めるときは，その業務について必要な報告を求め，又はその職員に事務所その他その業務を行なう場所に立ち入り，帳簿，書類その他業務に関係のある物件を検査させることができる。

2　内閣総理大臣は，前条第二項の規定による意見を述べるため特に必要があると認めるときは，同項に規定する宅地建物取引業者に対して，その業務について必要な報告を求め，又はその職員に事務所その他その業務を行う場所に立ち入り，帳簿，書類その他業務に関係のある物件を検査させることができる。

3　国土交通大臣は，全ての宅地建物取引士に対して，都道府県知事は，その登録を受けている宅地建物取引士及び当該都道府県の区域内でその事務を行う宅地建物取引士に対して，宅地建物取引士の事務の適正な遂行を確保するため必要があると認めるときは，その事務について必要な報告を求めることができる。

（第四項～第六項省略）

第七章　雑　則

（宅地建物取引業者を社員とする一般社団法人による体系的な研修の実施）

第七十五条の二　宅地建物取引業者を直接又は間接の社員とする一般社団法人は，宅地建物取引士等がその職務に関し必要な知識及び能力を効果的かつ効率的に習得できるよう，法令，金融その他の多様な分野に係る体系的な研修を実施するよう努めなければならない。

1（宅地建物取引業者の使用人等の秘密を守る義務）

第七十五条の三　宅地建物取引業者の使用人その他の従業者は，正当な理由がある場合でなければ，宅地建物取引業の業務を補助したことについて知り得た秘密を他に漏らしてはならない。宅地建物取引業者の使用人その他の従業者でなくなつた後であつても，また同様とする。

1（免許の取消し等に伴う取引の結了）

第七十六条　第三条第二項の有効期間が満了したとき，第十一条第二項の規定により免許が効力を失つたとき，又は宅地建物取引業者が第十一条第一項第一号若しくは第二号に該当したとき，若しくは第二十五条第七項，第六十六条若しくは第六十七条第一項の規定により免許を取り消されたときは，当該宅地建物取引業者であつた者又はその一般承継人は，当該宅地建物取引業者が締結した契約に基づく取引を結了する目的の範囲内においては，なお宅地建物取引業者とみなす。

1（信託会社等に関する特例）

第七十七条　第三条から第七条まで，第十二条，第二十五条第七項，第六十六条及び第六十七条第一項の規定は，信託業法（平成十六年法律第百五十四号）第三条又は第五十三条第一項の免許を受けた信託会社（政令で定めるものを除く。次項及び第三項において同じ。）には，適用しない。

2　宅地建物取引業を営む信託会社については，前項に掲げる規定を除き，国土交通大臣の免許を受けた宅地建物取引業者とみなしてこの法律の規定を適用する。

3　信託会社は，宅地建物取引業を営もうとするときは，国土交通省令の定めるところにより，その旨を国土交通大臣に届け出なければならない。

（第４項省略）

第七十七条の二　第三条から第七条まで，第十二条，第二十五条第七項，第六十六条及び第六十七条第一項の規定は，認可宅地建物取引業者がその資産の運用を行う登録投資法人（投資信託及び投資法人に関する法律第二条第十三項に規定する登録投資法人をいう。）には，適用しない。

2　前項の登録投資法人については，前項に掲げる規定並びに第三十一条の三，第三十五条，第三十五条の二，第三十七条及び第四十八条から第五十条までの規定を除き，国土交通大臣の免許を受けた宅地建物取引業者とみなしてこの法律の規定を適用する。

1 **（適用の除外）**

第七十八条　この法律の規定は，国及び地方公共団体には，適用しない。

2　第三十三条の二及び第三十七条の二から第四十三条までの規定は，宅地建物取引業者相互間の取引については，適用しない。

（都道府県知事への書類の写しの送付等）

第七十八条の三　国土交通大臣は，次の各号に掲げる場合には，当該各号に定める書類の写しを，遅滞なく，宅地建物取引業者の主たる事務所の所在地を管轄する都道府県知事に送付しなければならない。

一　第三条第一項の免許をした場合　第四条第一項の免許申請書及び同条第二項各号に掲げる書類

二　第九条の規定による届出を受理した場合　当該届出に係る書類

2　国土交通大臣は，第十一条第一項の規定による届出を受理したときは，遅滞なく，同項各号のいずれかに該当することとなつた者の主たる事務所の所在地を管轄する都道府県知事にその旨を通知しなければならない。

第八章　罰　則

第七十九条　次の各号のいずれかに該当する者は，三年以下の懲役若しくは三百万円以下の罰金に処し，又はこれを併科する。

一　不正の手段によつて第三条第一項の免許を受けた者

二　第十二条第一項の規定に違反した者

三　第十三条第一項の規定に違反して他人に宅地建物取引業を営ませた者

四　第六十五条第二項又は第四項の規定による業務の停止の命令に違反して業務を営んだ者

第七十九条の二　第四十七条の規定に違反して同条第一号に掲げる行為をした者は，二年以下の懲役若しくは三百万円以下の罰金に処し，又はこれを併科する。

第八十条　第四十七条の規定に違反して同条第二号に掲げる行為をした者は，一年以下の懲役若しくは百万円以下の罰金に処し，又はこれを併科する。

第八十一条　次の各号のいずれかに該当する者は，六月以下の懲役若しくは百万円以下の罰金に処し，又はこれを併科する。

一　第二十五条第五項（第二十六条第二項において準用する場合を含む。），第三十二条又は第四十四条の規定に違反した者

二　第四十七条の規定に違反して同条第三号に掲げる行為をした者

第八十二条　次の各号のいずれかに該当する者は，百万円以下の罰金に処する。

一　第四条第一項の免許申請書又は同条第二項の書類に虚偽の記載をして提出した者

二　第十二条第二項，第十三条第二項，第三十一条の三第三項又は第四十六条第二項の規定に違反した者

三　不正の手段によつて第四十一条第一項第一号又は第四十一条の二第一項第一号の指定を受けた者

（第四号～第八号省略）

1 **第八十三条**　次の各号のいずれかに該当する者は，五十万円以下の罰金に処する。

一　第九条，第五十条第二項，第五十三条（第六十三条の三第二項において準用する場合を含む。），第六十三条第二項（第六十三条の三第二項において準用する場合を含む。）又は第七十七条第三項の規

定による届出をせず，又は虚偽の届出をした者
二　第三十七条，第四十六条第四項，第四十八条第一項又は第五十条第一項の規定に違反した者
三　第四十五条又は第七十五条の三の規定に違反した者
三の二　第四十八条第三項の規定に違反して従業者名簿を備えず，又はこれに同項に規定する事項を記載せず，若しくは虚偽の記載をした者
四　第四十九条の規定による帳簿を備え付けず，又はこれに同条に規定する事項を記載せず，若しくは虚偽の記載をした者
五　第五十条の十二第一項，第六十三条第一項若しくは第三項（これらの規定を第六十三条の三第二項において準用する場合を含む。），第六十三条の二第一項（第六十三条の三第二項及び第六十四条の十八において準用する場合を含む。）又は第七十二条第一項から第三項までの規定による報告をせず，若しくは事業計画書，事業報告書若しくは資料の提出をせず，又は虚偽の報告をし，若しくは虚偽の記載をした事業計画書，事業報告書若しくは虚偽の資料を提出した者
（第六号・第七号省略）
（第二項省略）

第八十四条　法人の代表者又は法人若しくは人の代理人，使用人その他の従業者が，その法人又は人の業務に関し，次の各号に掲げる規定の違反行為をしたときは，その行為者を罰するほか，その法人に対して当該各号に定める罰金刑を，その人に対して各本条の罰金刑を科する。
一　第七十九条又は第七十九条の二　一億円以下の罰金刑
二　第八十条又は第八十一条から第八十三条まで（同条第一項第三号を除く。）　各本条の罰金刑

③**第八十六条**　第二十二条の二第六項若しくは第七項，第三十五条第四項又は第七十五条の規定に違反した者は，十万円以下の過料に処する。

宅地建物取引業法施行令（抄）

〔昭和三十九年十二月二十八日
政令第三百八十三号〕
最終改正：令和四年十二月二十三日政令第三百九十三号

（公共施設）

第一条　宅地建物取引業法（以下「法」という。）第二条第一号の政令で定める公共の用に供する施設は，広場及び水路とする。

① （法第三条第一項の事務所）

第一条の二　法第三条第一項の事務所は，次に掲げるものとする。

一　本店又は支店（商人以外の者にあつては，主たる事務所又は従たる事務所）

二　前号に掲げるもののほか，継続的に業務を行なうことができる施設を有する場所で，宅地建物取引業に係る契約を締結する権限を有する使用人を置くもの

（免許手数料）

第二条　法第三条第六項に規定する免許手数料の額は，三万三千円とする。

2　前項の免許手数料は，国土交通省令で定めるところにより，収入印紙をもつて納付しなければならない。ただし，行政手続等における情報通信の技術の利用に関する法律（平成十四年法律第百五十一号）第三条第一項の規定により同項に規定する電子情報処理組織を使用して法第三条第三項の免許の更新の申請をする場合には，国土交通省令で定めるところにより，現金をもつてすることができる。

（法第四条第一項第二号等の政令で定める使用人）

第二条の二　法第四条第一項第二号及び第三号，第五条第一項第十二号及び第十三号，第八条第二項第三号及び第四号，第六十五条第二項第七号及び第八号並びに第六十六条第一項第三号及び第四号の政令で定める使用人は，宅地建物取引業者の使用人で，宅地建物取引業に関し第一条の二に規定する事務所の代表者であるものとする。

① （営業保証金の額）

第二条の四　法第二十五条第二項に規定する営業保証金の額は，主たる事務所につき千万円，その他の事務所につき事務所ごとに五百万円の割合による金額の合計額とする。

（法第三十三条等の法令に基づく許可等の処分）

第二条の五　法第三十三条及び第三十六条の法令に基づく許可等の処分で政令で定めるものは，次に掲げるものとする。

一　都市計画法（昭和四十三年法律第百号）第三十五条の二第一項本文，第四十一条第二項ただし書，第四十二条第一項ただし書，第四十三条第一項，第五十二条第一項，第五十二条の二第一項（同法第五十七条の三第一項において準用する場合を含む。），第五十三条第一項及び第六十五条第一項の許可並びに同法第五十八条第一項及び第五十八条の三第一項の規定に基づく条例の規定による処分

二　建築基準法（昭和二十五年法律第二百一号）第四十三条第二項第二号，第四十四条第一項第四号，第四十七条ただし書，第四十八条第一項ただし書，第二項ただし書，第三項ただし書，第四項ただし書，第五項ただし書，第六項ただし書，第七項ただし書，第八項ただし書，第九項ただし書，第十項ただし書，第十一項ただし書，第十二項ただし書，第十三項ただし書及び第十四項ただし書，第五十二条第十項，第十一項及び第十四項，第五十三条第四項，第五項及び第六項第三号，

第五十三条の二第一項第三号及び第四号（これらの規定を同法第五十七条の五第三項において準用する場合を含む。），第五十五条第三項及び第四項各号，第五十六条の二第一項ただし書，第五十七条の四第一項ただし書，第五十八条第二項，第五十九条第四項，第五十九条の二第一項，第六十条の二の二第三項ただし書，第六十条の三第二項ただし書，第六十七条第三項第二号，第六十八条第一項第二号及び第三項第二号，第六十八条の三第四項，第六十八条の五の三第二項，第六十八条の七第五項，第八十六条第三項及び第四項並びに第八十六条の二第二項及び第三項の許可，同法第四十三条第二項第一号，第五十二条第六項第三号，第八十六条第一項及び第二項，第八十六条の二第一項並びに第八十六条の八第一項及び第三項の規定による認定，同法第五十七条の二第三項の規定による指定並びに同法第三十九条第二項，第四十三条の二，第四十九条第一項，第四十九条の二，第五十条，第六十八条の二第一項及び第六十八条の九の規定に基づく条例の規定による処分

（第三号～第四十号省略）

②（法第三十五条第一項第二号の法令に基づく制限）

第三条　法第三十五条第一項第二号の法令に基づく制限で政令で定めるものは，宅地又は建物の貸借の契約以外の契約については，次に掲げる法律の規定（これらの規定に基づく命令及び条例の規定を含む。）に基づく制限で当該宅地又は建物に係るもの及び都市計画法施行法（昭和四十三年法律第百一号）第三十八条第三項の規定により，なお従前の例によるものとされる緑地地域内における建築物又は土地に関する工事若しくは権利に関する制限（同法第二十六条及び第二十八条の規定により同法第三十八条第三項の規定の例によるものとされるものを含む。）で当該宅地又は建物に係るものとする。

一　都市計画法第二十九条第一項及び第二項，第三十五条の二第一項，第四十一条第二項，第四十二条第一項，第四十三条第一項，第五十二条第一項，第五十二条の二第一項（同法第五十七条の三第一項において準用する場合を含む。），第五十二条の三第二項及び第四項（これらの規定を同法第五十七条の四及び密集市街地における防災街区の整備の促進に関する法律第二百八十四条において準用する場合を含む。次項において同じ。），第五十三条第一項，第五十七条第二項及び第四項，第五十八条第一項，第五十八条の二第一項及び第二項，第五十八条の三第一項，第六十五条第一項並びに第六十七条第一項及び第三項

二　建築基準法第三十九条第二項，第四十三条，第四十三条の二，第四十四条第一項，第四十五条第一項，第四十七条，第四十八条第一項から第十四項まで（同法第八十八条第二項において準用する場合を含む。），第四十九条（同法第八十八条第二項において準用する場合を含む。），第四十九条の二（同法第八十八条第二項において準用する場合を含む。），第五十条（同法第八十八条第二項において準用する場合を含む。），第五十二条第一項から第十四項まで，第五十三条第一項から第八項まで，第五十三条の二第一項から第三項まで，第五十四条，第五十五条第一項から第四項まで，第五十六条，第五十六条の二，第五十七条の二第三項，第五十七条の四第一項，第五十七条の五，第五十八条第一項及び第二項，第五十九条第一項及び第二項，第五十九条の二第一項，第六十条第一項及び第二項，第六十条の二第一項，第二項，第三項（同法第八十八条第二項において準用する場合を含む。）及び第六項，第六十条の二の二第一項から第三項まで及び第四項（同法第八十八条第二項において準用する場

合を含む。)，第六十条の三第一項，第二項及び第三項（同法第八十八条第二項において準用する場合を含む。)，第六十一条，第六十七条第一項及び第三項から第七項まで，第六十八条第一項から第四項まで，第六十八条の二第一項及び第五項（これらの規定を同法第八十八条第二項において準用する場合を含む。)，第六十八条の九，第七十五条，第七十五条の二第五項，第七十六条の三第五項，第八十六条第一項から第四項まで，第八十六条の二第一項から第三項まで並びに第八十六条の八第一項及び第三項

（第三号～第六十二号省略）

2　法第三十五条第一項第二号の法令に基づく制限で政令で定めるものは，宅地の貸借の契約については，前項に規定する制限のうち，都市計画法第五十二条の三第二項及び第四項，第五十七条第二項及び第四項並びに第六十七条第一項及び第三項，新住宅市街地開発法第三十一条，新都市基盤整備法第五十条，流通業務市街地の整備に関する法律第三十七条第一項，公有地の拡大の推進に関する法律第四条第一項及び第八条並びに文化財保護法第四十六条第一項及び第五項の規定に基づくもの以外のもので，当該宅地に係るものとする。

3　法第三十五条第一項第二号の法令に基づく制限で政令で定めるものは，建物の貸借の契約については，新住宅市街地開発法第三十二条第一項，新都市基盤整備法第五十一条第一項及び流通業務市街地の整備に関する法律第三十八条第一項の規定に基づく制限で，当該建物に係るものとする。

（法第四十一条第一項ただし書及び第四十一条の二第一項ただし書の政令で定める額）

第三条の五　法第四十一条第一項ただし書及び第四十一条の二第一項ただし書の政令で定める額は，千万円とする。

（法第四十一条第一項第一号の政令で定める金融機関）

第四条　法第四十一条第一項第一号の政令で定める金融機関は，信用金庫，株式会社日本政策投資銀行，農林中央金庫，信用協同組合で出資の総額が五千万円以上であるもの，株式会社商工組合中央金庫及び労働金庫とする。

1 **（弁済業務保証金分担金の額）**

第七条　法第六十四条の九第一項に規定する弁済業務保証金分担金の額は，主たる事務所につき六十万円，その他の事務所につき事務所ごとに三十万円の割合による金額の合計額とする。

宅地建物取引業法施行規則（抄）

〔昭和三十二年七月二十二日
建設省令第十二号〕
最終改正：令和六年一月二十四日国土交通省令第四号

（免許の更新の申請期間）
第三条　法第三条第三項の規定により同項の免許の更新を受けようとする者は，免許の有効期間満了の日の九十日前から三十日前までの間に免許申請書を提出しなければならない。

（心身の故障により宅地建物取引業を適正に営むことができない者）
第三条の二　法第五条第一項第十号の国土交通省令で定める者は，精神の機能の障害により宅地建物取引業を適正に営むに当たつて必要な認知，判断及び意思疎通を適切に行うことができない者とする。

（免許証の書換え交付の申請）
第四条の二　宅地建物取引業者は，免許証の記載事項に変更を生じたときは，その免許証を添え，法第九条の規定による変更の届出と併せて，その免許を受けた国土交通大臣又は都道府県知事に免許証の書換え交付を申請しなければならない。

（第二項省略）

（免許証の再交付の申請）
第四条の三　宅地建物取引業者は，免許証を亡失し，滅失し，汚損し，又は破損したときは，遅滞なく，その免許を受けた国土交通大臣又は都道府県知事に免許証の再交付を申請しなければならない。

2　免許証を汚損し，又は破損した宅地建物取引業者が前項の申請をする場合には，その汚損し，又は破損した免許証を添えてしなければならない。

（第三項省略）

（返納）
第四条の四　宅地建物取引業者は，次の各号のいずれかに該当する場合には，遅滞なく，その免許を受けた国土交通大臣又は都道府県知事に免許証を返納しなければならない。

一　法第七条第一項の規定により免許がその効力を失つたとき。
二　法第六十六条又は第六十七条第一項の規定により免許を取り消されたとき。
三　亡失した免許証を発見したとき。

2　法第十一条の規定により廃業等の届出をする者は，当該廃業等に係る宅地建物取引業者が国土交通大臣の免許を受けた者であるときは国土交通大臣に，都道府県知事の免許を受けた者であるときは都道府県知事に免許証を返納しなければならない。

（免許換えの通知）
第四条の五　宅地建物取引業者が法第三条第一項の免許を受けた後，法第七条第一項各号のいずれかに該当して引き続き宅地建物取引業を営もうとする場合において，国土交通大臣又は都道府県知事は，法第三条第一項の免許をしたときは，遅滞なく，その旨を，従前の免許をした都道府県知事又は国土交通大臣に通知するものとする。

（名簿の登載事項）
第五条　法第八条第二項第八号に規定する省令で定める事項は，次の各号に掲げるものとする。

一　法第六十五条第一項若しくは第三項に規定する指示又は同条第二項若しくは第四項に規定する業務停止の処分があつたときは，その年月日及び内容
二　宅地建物取引業以外の事業を行なつているときは，その事業の種類

（名簿の消除）

第六条　国土交通大臣又は都道府県知事は，次の各号の一に掲げる場合には，宅地建物取引業者名簿につき，当該宅地建物取引業者に係る部分を消除しなければならない。

一　法第三条第二項の有効期間が満了したとき。

二　法第七条第一項又は第十一条第二項の規定により免許がその効力を失つたとき。

三　法第十一条第一項第一号若しくは第二号の規定により届出があつたとき又は同項の規定による届出がなくて同項第一号若しくは第二号に該当する事実が判明したとき。

四　法第二十五条第七項，第六十六条又は第六十七条第一項の規定により免許を取り消したとき。

五　法第七十七条の二第一項に規定する登録投資法人が投資信託及び投資法人に関する法律（昭和二十六年法律第百九十八号）第二百十七条の規定により同法第百八十七条の登録が抹消されたとき，又は当該登録投資法人の資産の運用を行う認可宅地建物取引業者（法第五十条の二第二項に規定する認可宅地建物取引業者をいう。以下同じ。）に係る法第五十条の二第一項の認可が法第六十七条の二第一項若しくは第二項の規定により取り消され，若しくは同条第三項の規定によりその効力を失つたとき。

2　国土交通大臣は，前項の規定により宅地建物取引業者名簿を消除したときは，遅滞なく，その旨を，その消除に係る宅地建物取引業者であつた者の主たる事務所の所在地を管轄する都道府県知事に通知するものとする。

第十三条の十五　法第十八条第一項の国土交通省令で定める期間は，二年とする。

（登録を受けることのできる都道府県）

第十四条　二以上の都道府県において試験に合格した者は，当該試験を行なつた都道府県知事のうちいずれか一の都道府県知事の登録のみを受けることができる。

（心身の故障により宅地建物取引士の事務を適正に行うことができない者）

第十四条の二　法第十八条第一項第十二号の国土交通省令で定める者は，精神の機能の障害により宅地建物取引士の事務を適正に行うに当たつて必要な認知，判断及び意思疎通を適切に行うことができない者とする。

1 （宅地建物取引士資格登録簿の登載事項）

第十四条の二の二　法第十八条第二項に規定する国土交通省令で定める事項は，次に掲げるものとする。

一　本籍（日本の国籍を有しない者にあつては，その者の有する国籍）及び性別

二　試験の合格年月日及び合格証書番号

三　法第十八条第一項の実務の経験を有する者である場合においては，申請時現在の当該実務の経験の期間及びその内容並びに従事していた宅地建物取引業者の商号又は名称及び免許証番号

四　法第十八条第一項の規定により能力を有すると認められた者である場合においては，当該認定の内容及び年月日

五　宅地建物取引業者の業務に従事する者にあつては，当該宅地建物取引業者の商号又は名称及び免許証番号

（第二項省略）

（登録の申請）

第十四条の三　法第十九条第一項の登録申請書には，氏名，生年月日，住所及び前条第一項各号に掲げる事項を記載しなければならない。

（第二項～第六項省略）

（登録の通知等）

第十四条の四　都道府県知事は，法第十九条第二項の規定により登録をしたときは，遅滞なく，その旨を当該登録に係る者に通知しなければならない。

2　都道府県知事は，法第十八条第一項の登録を受けようとする者が次の各号の一に該当する者であるときは，その登録を拒否するとともに，遅滞なく，その理由を示して，

その旨をその者に通知しなければならない。

一　法第十八条第一項の実務の経験を有する者又は同項の規定により能力を有すると認められた者以外の者

二　法第十八条第一項各号の一に該当する者

三　他の都道府県知事の登録を現に受けている者

（宅地建物取引士資格登録の移転の申請）

第十四条の五　法第十九条の二の規定による登録の移転の申請をしようとする者は，次に掲げる事項を記載した登録移転申請書を提出しなければならない。

一　氏名，生年月日，住所，本籍（日本の国籍を有しない者にあつては，その者の有する国籍）及び性別

二　申請時現在の登録番号

三　申請時現在の登録をしている都道府県知事

四　移転を必要とする理由

五　移転後において業務に従事し，又は従事しようとする宅地建物取引業者の商号又は名称及び免許証番号

（第二項・第三項省略）

（登録の移転の通知）

第十四条の六　都道府県知事は，法第十九条の二の規定による登録の移転をしたときは，遅滞なく，その旨を登録の移転の申請をした者及び移転前に登録をしていた都道府県知事に通知しなければならない。

（変更の登録）

第十四条の七　法第二十条の規定による変更の登録を申請しようとする者は，別記様式第七号による変更登録申請書をその者の登録をしている都道府県知事に提出しなければならない。

2　都道府県知事は，前項に規定する変更登録申請書の提出があつたときは，遅滞なく，変更の登録をするとともに，その旨を変更の登録を申請した者に通知しなければならない。

（登録の消除）

第十四条の八　都道府県知事は，法第二十二条の規定により登録を消除したときは，その理由を示して，その登録の消除に係る者，相続人，法定代理人又は同居の親族に通知しなければならない。

1 **（宅地建物取引士証の交付の申請）**

第十四条の十　法第二十二条の二第一項の規定により宅地建物取引士証の交付を申請しようとする者は，次に掲げる事項を記載した宅地建物取引士証交付申請書（以下この条において「交付申請書」という。）に交付の申請前六月以内に撮影した無帽，正面，上半身，無背景の縦の長さ三センチメートル，横の長さ二・四センチメートルの写真でその裏面に氏名及び撮影年月日を記入したもの（以下「宅地建物取引士証用写真」という。）を添えて，登録を受けている都道府県知事に提出しなければならない。

一　申請者の氏名，生年月日及び住所

二　登録番号

三　宅地建物取引業者の業務に従事している場合にあつては，当該宅地建物取引業者の商号又は名称及び免許証番号

四　試験に合格した後一年を経過しているか否かの別

2　宅地建物取引士証の交付を申請しようとする者（試験に合格した後一年以内に交付を申請しようとする者及び次項に規定する者を除く。）は，交付申請書に法第二十二条の二第二項に規定する講習を受講した旨の証明を受け，又は交付申請書にその講習を受講した旨の証明書を添付しなければならない。

3　法第十九条の二の規定による登録の移転の申請とともに宅地建物取引士証の交付を申請しようとする者は，第十四条の五の登録移転申請書と交付申請書をあわせて提出しなければならない。この場合において，交付申請書には第一項第二号に掲げる事項は記載することを要しないものとする。

（第四項省略）

（宅地建物取引士証の記載事項及び様式）

第十四条の十一　宅地建物取引士証には，次に掲げる事項を記載するものとする。

一　宅地建物取引士の氏名，生年月日及び住所

二　登録番号及び登録年月日

三　宅地建物取引士証の交付年月日

四　宅地建物取引士証の有効期間の満了する日

（第二項省略）

（宅地建物取引士証の書換え交付）

第十四条の十三　宅地建物取引士は，その氏名又は住所を変更したときは，法第二十条の規定による変更の登録の申請とあわせて，宅地建物取引士証の書換え交付を申請しなければならない。

（第二項省略）

3　宅地建物取引士証の書換え交付は，当該宅地建物取引士が現に有する宅地建物取引士証と引換えに新たな宅地建物取引士証を交付して行うものとする。ただし，住所のみの変更の場合にあつては，当該宅地建物取引士が現に有する宅地建物取引士証の裏面に変更した後の住所を記載することをもつてこれに代えることができる。

（登録の移転に伴う取引主任者証の交付）

第十四条の十四　法第十九条の二の規定による登録の移転の申請とともに宅地建物取引士証の交付の申請があつた場合における宅地建物取引士証の交付は，当該宅地建物取引士が現に有する宅地建物取引士証と引換えに新たな宅地建物取引士証を交付して行うものとする。

（宅地建物取引士証の再交付等）

第十四条の十五　宅地建物取引士は，宅地建物取引士証の亡失，滅失，汚損又は破損その他の事由を理由として，その交付を受けた都道府県知事に宅地建物取引士証の再交付を申請することができる。

（第二項・第三項省略）

4　汚損又は破損その他の事由を理由とする宅地建物取引士証の再交付は，申請者が現に有する宅地建物取引士証と引換えに新たな宅地建物取引士証を交付して行うものとする。

5　宅地建物取引士は，取引主任者証の亡失によりその再交付を受けた後において，亡失した宅地建物取引士証を発見したときは，速やかに，発見した宅地建物取引士証をその交付を受けた都道府県知事に返納しなければならない。

（宅地建物取引士証の有効期間の更新）

第十四条の十六　宅地建物取引士証の有効期間の更新の申請は，新たな宅地建物取引士証の交付を申請することにより行うものとする。

2　第十四条の十第一項，第二項及び第四項の規定は，前項の交付申請について準用する。

3　第一項の新たな宅地建物取引士証の交付は，当該宅地建物取引士が現に有する宅地建物取引士証と引換えに行うものとする。

1 **（営業保証金又は弁済業務保証金に充てることができる有価証券の価額）**

第十五条　法第二十五条第三項（法第二十六条第二項，第二十八条第三項，第二十九条第二項，第六十四条の七第三項及び第六十四条の八第四項において準用する場合を含む。）の規定により有価証券を営業保証金又は弁済業務保証金に充てる場合における当該有価証券の価額は，次の各号に掲げる有価証券の区分に従い，それぞれ当該各号に定めるところによる。

一　国債証券（その権利の帰属が社債，株式等の振替に関する法律（平成十三年法律第七十五号）の規定による振替口座簿の記載又は記録により定まるものとされるものを含む。次条において同じ。）については，その額面金額（その権利の帰属が社債，株式等の振替に関する法律の規定による振替口座簿の記載又は記録により定まるものとされるものにあつては，振替口座簿に記載又は記録された金額。）

二　地方債証券又は政府がその債務について保証契約をした債券については，その額面金額の百分の九十
三　前各号以外の債券については，その額面金額の百分の八十
（第二項省略）

1 **（営業保証金又は弁済業務保証金に充てることができる有価証券）**

第十五条の二　法第二十五条第三項（法第二十六条第二項，第二十八条第三項，第二十九条第二項，第六十四条の七第三項及び第六十四条の八第四項において準用する場合を含む。）に規定する国土交通省令で定める有価証券は，次に掲げるものとする。
一　国債証券
二　地方債証券
三　前二号に掲げるもののほか，国土交通大臣が指定した社債券その他の債券

（営業保証金の変換の届出）

第十五条の四の二　宅地建物取引業者は，営業保証金の変換のため新たに供託したときは，遅滞なく，その旨を，供託書正本の写しを添付して，その免許を受けている国土交通大臣又は都道府県知事に届け出るものとする。

2 **（法第三十一条の三第一項の国土交通省令で定める場所）**

第十五条の五の二　法第三十一条の三第一項の国土交通省令で定める場所は，次に掲げるもので，宅地若しくは建物の売買若しくは交換の契約（予約を含む。以下この項において同じ。）若しくは宅地若しくは建物の売買，交換若しくは貸借の代理若しくは媒介の契約を締結し，又はこれらの契約の申込みを受けるものとする。
一　継続的に業務を行うことができる施設を有する場所で事務所以外のもの
二　宅地建物取引業者が十区画以上の一団の宅地又は十戸以上の一団の建物の分譲（以下この条，第十六条の五及び第十九条第一項において「一団の宅地建物の分譲」という。）を案内所を設置して行う場合にあつては，その案内所
三　他の宅地建物取引業者が行う一団の宅地建物の分譲の代理又は媒介を案内所を設置して行う場合にあつては，その案内所
四　宅地建物取引業者が業務に関し展示会その他これに類する催しを実施する場合にあつては，これらの催しを実施する場所

2 **（法第三十一条の三第一項の国土交通省令で定める数）**

第十五条の五の三　法第三十一条の三第一項の国土交通省令で定める数は，事務所にあつては当該事務所において宅地建物取引業者の業務に従事する者の数に対する同項に規定する宅地建物取引士（同条第二項の規定によりその者とみなされる者を含む。）の数の割合が五分の一以上となる数，前条に規定する場所にあつては一以上とする。

（法第三十三条の二第一号の国土交通省令・内閣府令で定めるとき）

第十五条の六　法第三十三条の二第一号の国土交通省令・内閣府令で定めるときは，次に掲げるとおりとする。
一　当該宅地が都市計画法（昭和四十三年法律第百号）の規定により当該宅地建物取引業者が開発許可を受けた開発行為又は開発行為に関する工事に係るものであつて，かつ，公共施設（同法第四条第十四項に規定する公共施設をいう。）の用に供されている土地で国又は地方公共団体が所有するものである場合において，当該開発許可に係る開発行為又は開発行為に関する工事の進捗の状況からみて，当該宅地について同法第四十条第一項の規定の適用を受けることが確実と認められるとき。
二　当該宅地が新住宅市街地開発法（昭和三十八年法律第百三十四号）第二条第一項に規定する新住宅市街地開発事業で当該宅地建物取引業者が施行するものに係るものであつて，かつ，公共施設（同条

第五項に規定する公共施設をいう。）の用に供されている土地で国又は地方公共団体が所有するものである場合において，当該新住宅市街地開発事業の進捗の状況からみて，当該宅地について同法第二十九条第一項の規定の適用を受けることが確実と認められるとき。

三　当該宅地が土地区画整理法（昭和二十九年法律第百十九号）第百条の二の規定により土地区画整理事業の施行者の管理する土地又は大都市地域における住宅及び住宅地の供給の促進に関する特別措置法（昭和五十年法律第六十七号）第八十三条の規定において準用する土地区画整理法第百条の二の規定により住宅街区整備事業の施行者の管理する土地（以下この号において「保留地予定地」という。）である場合において，当該宅地建物取引業者が，当該土地区画整理事業又は当該住宅街区整備事業に係る換地処分の公告の日の翌日に当該施行者が取得する当該保留地予定地である宅地を当該施行者から取得する契約を締結しているとき。

四　当該宅地又は建物について，当該宅地建物取引業者が買主となる売買契約その他の契約であつて当該宅地又は建物の所有権を当該宅地建物取引業者が指定する者（当該宅地建物取引業者を含む場合に限る。）に移転することを約するものを締結しているとき。

（建物の構造耐力上主要な部分等）

第十五条の七　法第三十四条の二第一項第四号の建物の構造耐力上主要な部分として国土交通省令で定めるものは，住宅の基礎，基礎ぐい，壁，柱，小屋組，土台，斜材（筋かい，方づえ，火打材その他これらに類するものをいう。），床版，屋根版又は横架材（はり，けたその他これらに類するものをいう。）で，当該住宅の自重若しくは積載荷重，積雪，風圧，土圧若しくは水圧又は地震その他の震動若しくは衝撃を支えるものとする。

2　法第三十四条の二第一項第四号の建物の雨水の浸入を防止する部分として国土交通省令で定めるものは，次に掲げるものとする

一　住宅の屋根若しくは外壁又はこれらの開口部に設ける戸，わくその他の建具

二　雨水を排除するため住宅に設ける排水管のうち，当該住宅の屋根若しくは外壁の内部又は屋内にある部分

2 **（法第三十四条の二第一項第四号の国土交通省令で定める者等）**

第十五条の八　法第三十四条の二第一項第四号の国土交通省令で定める者は，次の各号のいずれにも該当する者とする。

一　建築士法（昭和二十五年法律第二百二号）第二条第一項に規定する建築士（以下「建築士」という。）

二　国土交通大臣が定める講習を修了した者

2　前項に規定する者は，建物状況調査を実施するときは，国土交通大臣が定める基準に従って行うものとする。

1 **（媒介契約の書面の記載事項）**

第十五条の九　法第三十四条の二第一項第八号の国土交通省令・内閣府令で定める事項は，次に掲げるものとする。

一　専任媒介契約にあつては，依頼者が他の宅地建物取引業者の媒介又は代理によつて売買又は交換の契約を成立させたときの措置

二　依頼者が売買又は交換の媒介を依頼した宅地建物取引業者が探索した相手方以外の者と売買又は交換の契約を締結することができない旨の特約を含む専任媒介契約（次条及び第十五条の十一において「専属専任媒介契約」という。）にあつては，依頼者が当該相手方以外の者と売買又は交換の契約を締結したときの措置

三　依頼者が他の宅地建物取引業者に重ねて売買又は交換の媒介又は代理を依頼することを許し，かつ，他の宅地建物取引

業者を明示する義務がある媒介契約にあつては，依頼者が明示していない他の宅地建物取引業者の媒介又は代理によつて売買又は交換の契約を成立させたときの措置

四　当該媒介契約が国土交通大臣が定める標準媒介契約約款に基づくものであるか否かの別

2 **（指定流通機構への登録期間）**

第十五条の十　法第三十四条の二第五項の国土交通省令で定める期間は，専任媒介契約の締結の日から七日（専属専任媒介契約にあつては，五日）とする。

2　前項の期間の計算については，休業日数は算入しないものとする。

（指定流通機構への登録事項）

第十五条の十一　法第三十四条の二第五項の国土交通省令で定める事項は，次に掲げるものとする。

一　当該宅地又は建物に係る都市計画法その他の法令に基づく制限で主要なもの

二　当該専任媒介契約が宅地又は建物の交換の契約に係るものである場合にあつては，当該宅地又は建物の評価額

三　当該専任媒介契約が専属専任媒介契約である場合にあつては，その旨

（指定流通機構への通知）

第十五条の十三　法第三十四条の二第七項の規定による通知は，次に掲げる事項について行うものとする。

一　登録番号

二　宅地又は建物の取引価格

三　売買又は交換の契約の成立した年月日

（法第三十五条第一項第五号の国土交通省令・内閣府令で定める事項）

第十六条　法第三十五条第一項第五号の国土交通省令・内閣府令で定める事項は，宅地の場合にあつては宅地の造成の工事の完了時における当該宅地に接する道路の構造及び幅員，建物の場合にあつては建築の工事の完了時における当該建物の主要構造部，内装及び外装の構造又は仕上げ並びに設備の設置及び構造とする。

3 **（法第三十五条第一項第六号の国土交通省令・内閣府令で定める事項）**

第十六条の二　法第三十五条第一項第六号の国土交通省令・内閣府令で定める事項は，建物の貸借の契約以外の契約にあつては次に掲げるもの，建物の貸借の契約にあつては第三号及び第八号に掲げるものとする。

一　当該建物を所有するための一棟の建物の敷地に関する権利の種類及び内容

二　建物の区分所有等に関する法律（昭和三十七年法律第六十九号。以下この条，第十六条の四の三，第十六条の四の六及び第十九条の二の五において「区分所有法」という。）第二条第四項に規定する共用部分に関する規約の定め（その案を含む。次号において同じ。）があるときは，その内容

三　区分所有法第二条第三項に規定する専有部分の用途その他の利用の制限に関する規約の定めがあるときは，その内容

四　当該一棟の建物又はその敷地の一部を特定の者にのみ使用を許す旨の規約（これに類するものを含む。次号及び第六号において同じ。）の定め（その案を含む。次号及び第六号において同じ。）があるときは，その内容

五　当該一棟の建物の計画的な維持修繕のための費用，通常の管理費用その他の当該建物の所有者が負担しなければならない費用を特定の者にのみ減免する旨の規約の定めがあるときは，その内容

六　当該一棟の建物の計画的な維持修繕のための費用の積立てを行う旨の規約の定めがあるときは，その内容及び既に積み立てられている額

七　当該建物の所有者が負担しなければならない通常の管理費用の額

八　当該一棟の建物及びその敷地の管理が委託されているときは，その委託を受けている者の氏名（法人にあつては，その商号又は名称）及び住所（法人にあつて

は，その主たる事務所の所在地）

九　当該一棟の建物の維持修繕の実施状況が記録されているときは，その内容

1 **（法第三十五条第一項第六号の二イの国土交通省令で定める期間）**

第十六条の二の二　法第三十五条第一項第六号の二イの国土交通省令で定める期間は，一年（鉄筋コンクリート造又は鉄骨鉄筋コンクリート造の共同住宅等（住宅の品質確保の促進等に関する法律施行規則（平成十二年建設省令第二十号）第一条第四号に規定する共同住宅等をいう。）にあつては，二年）とする。

3 **（法第三十五条第一項第六号の二ロの国土交通省令で定める書類）**

第十六条の二の三　法第三十五条第一項第六号の二ロの国土交通省令で定める書類は，売買又は交換の契約に係る住宅に関する書類で次の各号に掲げるものとする。

一　建築基準法（昭和二十五年法律第二百一号）第六条第一項（同法第八十七条第一項又は同法第八十七条の二において準用する場合を含む。）の規定による確認の申請書及び同法第十八条第二項（同法第八十七条第一項又は同法第八十七条の二において準用する場合を含む。）の規定による計画通知書並びに同法第六条第一項及び同法第十八条第三項（これらの規定を同法第八十七条第一項又は同法第八十七条の二において準用する場合を含む。）の確認済証

二　建築基準法第七条第五項及び同法第十八条第十八項（これらの規定を同法第八十七条の二において準用する場合を含む。）の検査済証

三　法第三十四条の二第一項第四号に規定する建物状況調査の結果についての報告書

四　既存住宅に係る住宅の品質確保の促進等に関する法律（平成十一年法律第八十一号）第六条第三項に規定する建設住宅性能評価書

五　建築基準法施行規則（昭和二十五年建設省令第四十号）第五条第三項及び同規則第六条第三項に規定する書類

六　当該住宅が昭和五十六年五月三十一日以前に新築の工事に着手したものであるときは，地震に対する安全性に係る建築基準法並びにこれに基づく命令及び条例の規定に適合するもの又はこれに準ずるものであることを確認できる書類で次に掲げるもの

イ　建築物の耐震改修の促進に関する法律（平成七年法律第百二十三号）第四条第一項に規定する基本方針のうち同条第二項第三号の技術上の指針となるべき事項に基づいて建築士が行った耐震診断の結果についての報告書

ロ　既存住宅に係る住宅の品質確保の促進等に関する法律第六条第三項の建設住宅性能評価書

ハ　既存住宅の売買に係る特定住宅瑕疵担保責任の履行の確保等に関する法律（平成十九年法律第六十六号）第十九条第二号の保険契約が締結されていることを証する書類

ニ　イからハまでに掲げるもののほか，住宅の耐震性に関する書類

（支払金又は預り金）

第十六条の三　法第三十五条第一項第十一号の国土交通省令・内閣府令で定める支払金又は預り金は，代金，交換差金，借賃，権利金，敷金その他いかなる名義をもつて授受されるかを問わず，宅地建物取引業者の相手方等から宅地建物取引業者がその取引の対象となる宅地又は建物に関し受領する金銭とする。ただし，次の各号に該当するものを除く。

一　受領する額が五十万円未満のもの

二　法第四十一条又は第四十一条の二の規定により，保全措置が講ぜられている手付金等

三　売主又は交換の当事者である宅地建物取引業者が登記以後に受領するもの

四　報酬

（担保責任の履行に関する措置）

第十六条の四の二　法第三十五条第一項第十三号の国土交通省令・内閣府令で定める措置は，次の各号のいずれかに掲げるものとする。

一　当該宅地又は建物が種類若しくは品質に関して契約の内容に適合しない場合におけるその不適合を担保すべき責任の履行に関する保証保険契約又は責任保険契約の締結

二　当該宅地又は建物が種類若しくは品質に関して契約の内容に適合しない場合におけるその不適合を担保すべき責任の履行に関する保証保険又は責任保険を付保することを委託する契約の締結

三　当該宅地又は建物が種類若しくは品質に関して契約の内容に適合しない場合におけるその不適合を担保すべき責任の履行に関する債務について銀行等が連帯して保証することを委託する契約の締結

四　特定住宅瑕疵担保責任の履行の確保等に関する法律第十一条第一項に規定する住宅販売瑕疵（かし）保証金の供託

④（法第三十五条第一項第十四号イの国土交通省令・内閣府令及び同号ロの国土交通省令で定める事項）

第十六条の四の三　法第三十五条第一項第十四号イの国土交通省令・内閣府令及び同号ロの国土交通省令で定める事項は，宅地の売買又は交換の契約にあつては第一号から第三号の二までに掲げるもの，建物の売買又は交換の契約にあつては第一号から第六号までに掲げるもの，宅地の貸借の契約にあつては第一号から第三号の二まで及び第八号から第十三号までに掲げるもの，建物の貸借の契約にあつては第一号から第五号まで及び第七号から第十二号までに掲げるものとする。

一　当該宅地又は建物が宅地造成及び特定盛土等規制法（昭和三十六年法律第百九十一号）第四十五条第一項により指定された造成宅地防災区域内にあるときは，その旨

二　当該宅地又は建物が土砂災害警戒区域等における土砂災害防止対策の推進に関する法律（平成十二年法律第五十七号）第七条第一項により指定された土砂災害警戒区域内にあるときは，その旨

三　当該宅地又は建物が津波防災地域づくりに関する法律（平成二十三年法律第百二十三号）第五十三条第一項により指定された津波災害警戒区域内にあるときは，その旨

三の二　水防法施行規則（平成十二年建設省令第四十四号）第十一条第一号の規定により当該宅地又は建物が所在する市町村の長が提供する図面に当該宅地又は建物の位置が表示されているときは，当該図面における当該宅地又は建物の所在地

四　当該建物について，石綿の使用の有無の調査の結果が記録されているときは，その内容

五　当該建物（昭和五十六年六月一日以降に新築の工事に着手したものを除く。）が建築物の耐震改修の促進に関する法律第四条第一項に規定する基本方針のうち同条第二項第三号の技術上の指針となるべき事項に基づいて次に掲げる者が行う耐震診断を受けたものであるときは，その内容

イ　建築基準法第七十七条の二十一第一項に規定する指定確認検査機関

ロ　建築士

ハ　住宅の品質確保の促進等に関する法律第五条第一項に規定する登録住宅性能評価機関

ニ　地方公共団体

六　当該建物が住宅の品質確保の促進等に関する法律第五条第一項に規定する住宅性能評価を受けた新築住宅であるときは，その旨

七　台所，浴室，便所その他の当該建物の

設備の整備の状況
八　契約期間及び契約の更新に関する事項
九　借地借家法（平成三年法律第九十号）第二条第一号に規定する借地権で同法第二十二条第一項の規定の適用を受けるものを設定しようとするとき，又は建物の賃貸借で同法第三十八条第一項若しくは高齢者の居住の安定確保に関する法律（平成十三年法律第二十六号）第五十二条の規定の適用を受けるものをしようとするときは，その旨
十　当該宅地又は建物の用途その他の利用に係る制限に関する事項（当該建物が区分所有法第二条第一項に規定する区分所有権の目的であるときにあつては，第十六条の二第三号に掲げる事項を除く。）
十一　敷金その他いかなる名義をもつて授受されるかを問わず，契約終了時において精算することとされている金銭の精算に関する事項
十二　当該宅地又は建物（当該建物が区分所有法第二条第一項に規定する区分所有権の目的であるものを除く。）の管理が委託されているときは，その委託を受けている者の氏名（法人にあつては，その商号又は名称）及び住所（法人にあつては，その主たる事務所の所在地）
十三　契約終了時における当該宅地の上の建物の取壊しに関する事項を定めようとするときは，その内容

（法第三十五条第三項ただし書の国土交通省令で定める場合）

第十六条の四の四　法第三十五条第三項ただし書の国土交通省令で定める場合は，次に掲げる場合とする。
一　金融商品取引法（昭和二十三年法律第二十五号）第二条第三十一項に規定する特定投資家（同法第三十四条の二第五項により特定投資家以外の顧客とみなされる者を除く。）及び同法第三十四条の三第四項により特定投資家とみなされる者を信託の受益権の売買の相手方とする場合
二　信託の受益権の売買契約の締結前一年以内に売買の相手方に対し当該契約と同一の内容の契約について書面を交付して説明をしている場合
三　売買の相手方に対し金融商品取引法第二条第十項に規定する目論見書（書面を交付して説明すべき事項のすべてが記載されているものに限る。）を交付している場合

2　書面を交付して説明をした日（この項の規定により書面を交付して説明をしたものとみなされた日を含む。）から一年以内に当該説明に係る売買契約と同一の内容の売買契約の締結を行つた場合には，当該締結の日において書面を交付して説明をしたものとみなして，前項第二号の規定を適用する。

2 **（法第三十七条の二第一項の国土交通省令・内閣府令で定める場所）**

第十六条の五　法第三十七条の二第一項の国土交通省令・内閣府令で定める場所は，次に掲げるものとする。
一　次に掲げる場所のうち，法第三十一条の三第一項の規定により同項に規定する宅地建物取引士を置くべきもの
イ　当該宅地建物取引業者の事務所以外の場所で継続的に業務を行うことができる施設を有するもの
ロ　当該宅地建物取引業者が一団の宅地建物の分譲を案内所（土地に定着する建物内に設けられるものに限る。ニにおいて同じ。）を設置して行う場合にあつては，その案内所
ハ　当該宅地建物取引業者が他の宅地建物取引業者に対し，宅地又は建物の売却について代理又は媒介の依頼をした場合にあつては，代理又は媒介の依頼を受けた他の宅地建物取引業者の事務所又は事務所以外の場所で継続的に業務を行うことができる施設を有するもの

ニ　当該宅地建物取引業者が一団の宅地建物の分譲の代理又は媒介の依頼をし，かつ，依頼を受けた宅地建物取引業者がその代理又は媒介を案内所を設置して行う場合にあつては，その案内所

ホ　当該宅地建物取引業者（当該宅地建物取引業者が他の宅地建物取引業者に対し，宅地又は建物の売却について代理又は媒介の依頼をした場合にあつては，代理又は媒介の依頼を受けた他の宅地建物取引業者を含む。）が法第十五条第一項の規定により同項に規定する取引主任者を置くべき場所（土地に定着する建物内のものに限る。）で宅地又は建物の売買契約に関する説明をした後，当該宅地又は建物に関し展示会その他これに類する催しを土地に定着する建物内において実施する場合にあつては，これらの催しを実施する場所

二　当該宅地建物取引業者の相手方がその自宅又は勤務する場所において宅地又は建物の売買契約に関する説明を受ける旨を申し出た場合にあつては，その相手方の自宅又は勤務する場所

1 **（申込みの撤回等の告知）**

第十六条の六　法第三十七条の二第一項第一号の規定により申込みの撤回等を行うことができる旨及びその申込みの撤回等を行う場合の方法について告げるときは，次に掲げる事項を記載した書面を交付して告げなければならない。

一　買受けの申込みをした者又は買主の氏名（法人にあつては，その商号又は名称）及び住所

二　売主である宅地建物取引業者の商号又は名称及び住所並びに免許証番号

三　告げられた日から起算して八日を経過する日までの間は，宅地又は建物の引渡しを受け，かつ，その代金の全部を支払つた場合を除き，書面により買受けの申込みの撤回又は売買契約の解除を行うことができること。

四　前号の買受けの申込みの撤回又は売買契約の解除があつたときは，宅地建物取引業者は，その買受けの申込みの撤回又は売買契約の解除に伴う損害賠償又は違約金の支払を請求することができないこと。

五　第三号の買受けの申込みの撤回又は売買契約の解除は，買受けの申込みの撤回又は売買契約の解除を行う旨を記載した書面を発した時に，その効力を生ずること。

六　第三号の買受けの申込みの撤回又は売買契約の解除があつた場合において，その買受けの申込み又は売買契約の締結に際し手付金その他の金銭が支払われているときは，宅地建物取引業者は，遅滞なく，その全額を返還すること。

1 **（法第四十七条の二第三項の国土交通省令・内閣府令及び同項の国土交通省令で定める行為）**

第十六条の十一　法第四十七条の二第三項の国土交通省令・内閣府令及び同項の国土交通省令で定める行為は，次に掲げるものとする。

一　宅地建物取引業に係る契約の締結の勧誘をするに際し，宅地建物取引業者の相手方等に対し，次に掲げる行為をすること。

イ　当該契約の目的物である宅地又は建物の将来の環境又は交通その他の利便について誤解させるべき断定的判断を提供すること。

ロ　正当な理由なく，当該契約を締結するかどうかを判断するために必要な時間を与えることを拒むこと。

ハ　当該勧誘に先立つて宅地建物取引業者の商号又は名称及び当該勧誘を行う者の氏名並びに当該契約の締結について勧誘をする目的である旨を告げずに，勧誘を行うこと。

ニ　宅地建物取引業者の相手方等が当該

契約を締結しない旨の意思（当該勧誘を引き続き受けることを希望しない旨の意思を含む。）を表示したにもかかわらず，当該勧誘を継続すること。

ホ　迷惑を覚えさせるような時間に電話し，又は訪問すること。

へ　深夜又は長時間の勧誘その他の私生活又は業務の平穏を害するような方法によりその者を困惑させること。

二　宅地建物取引業者の相手方等が契約の申込みの撤回を行うに際し，既に受領した預り金を返還することを拒むこと。

三　宅地建物取引業者の相手方等が手付を放棄して契約の解除を行うに際し，正当な理由なく，当該契約の解除を拒み，又は妨げること。

1 **（法第四十七条の二第三項の国土交通省令・内閣府令及び同項の国土交通省令で定める行為）**

第十六条の十二　法第四十七条の二第三項の国土交通省令・内閣府令及び同項の国土交通省令で定める行為は，次に掲げるものとする。

一　宅地建物取引業に係る契約の締結の勧誘をするに際し，宅地建物取引業者の相手方等に対し，次に掲げる行為をすること。

イ　当該契約の目的物である宅地又は建物の将来の環境又は交通その他の利便について誤解させるべき断定的判断を提供すること。

ロ　正当な理由なく，当該契約を締結するかどうかを判断するために必要な時間を与えることを拒むこと。

ハ　当該勧誘に先立つて宅地建物取引業者の商号又は名称及び当該勧誘を行う者の氏名並びに当該契約の締結について勧誘をする目的である旨を告げずに，勧誘を行うこと。

ニ　宅地建物取引業者の相手方等が当該契約を締結しない旨の意思（当該勧誘を引き続き受けることを希望しない旨の意思を含む。）を表示したにもかかわらず，当該勧誘を継続すること。

ホ　迷惑を覚えさせるような時間に電話し，又は訪問すること。

へ　深夜又は長時間の勧誘その他の私生活又は業務の平穏を害するような方法によりその者を困惑させること。

二　宅地建物取引業者の相手方等が契約の申込みの撤回を行うに際し，既に受領した預り金を返還することを拒むこと。

三　宅地建物取引業者の相手方等が手付を放棄して契約の解除を行うに際し，正当な理由なく，当該契約の解除を拒み，又は妨げること。

2 **（従業者名簿の記載事項等）**

第十七条の二　法第四十八条第三項の国土交通省令で定める事項は，次に掲げるものとする。

一　生年月日

二　主たる職務内容

三　宅地建物取引士であるか否かの別

四　当該事務所の従業者となつた年月日

五　当該事務所の従業者でなくなつたときは，その年月日

（第二項・第三項省略）

4　宅地建物取引業者は，法第四十八条第三項に規定する従業者名簿（前項の規定による記録が行われた同項のファイル又は磁気ディスクを含む。）を最終の記載をした日から十年間保存しなければならない。

3 **（帳簿の記載事項等）**

第十八条　法第四十九条に規定する国土交通省令で定める事項は，次のとおりとする。

一　売買若しくは交換又は売買，交換若しくは貸借の代理若しくは媒介の別（取引一任代理等（法第五十条の二第一項に規定する取引一任代理等をいう。以下同じ。）に係るものである場合は，その旨を含む。）

二　売買，交換若しくは貸借の相手方若しくは代理を依頼した者又は媒介に係る売買，交換若しくは貸借の各当事者及びこ

れらの者の代理人の氏名及び住所
三　取引に関与した他の宅地建物取引業者の商号又は名称（当該宅地建物取引業者が個人である場合においては，その者の氏名）
四　宅地の場合にあつては，現況地目，位置，形状その他当該宅地の概況
五　建物の場合にあつては，構造上の種別，用途その他当該建物の概況
六　売買金額，交換物件の品目及び交換差金又は賃料
七　報酬の額
八　宅地建物取引業者が自ら売主となる新築住宅（住宅の品質確保の促進等に関する法律第二条第二項に規定する新築住宅をいう。以下この条において同じ。）の場合にあつては，次に掲げる事項
イ　当該新築住宅を引き渡した年月日
ロ　当該新築住宅の床面積
ハ　当該新築住宅が特定住宅瑕疵担保責任の履行の確保等に関する法律施行令（平成十九年政令第三百九十五号）第六条第一項の販売新築住宅であるときは，同項の書面に記載された二以上の宅地建物取引業者それぞれの販売瑕疵負担割合（同項に規定する販売瑕疵負担割合をいう。以下この号において同じ。）の合計に対する当該宅地建物取引業者の販売瑕疵負担割合の割合
ニ　当該新築住宅について，住宅瑕疵担保責任保険法人（特定住宅瑕疵担保責任の履行の確保等に関する法律第十七条第一項に規定する住宅瑕疵担保責任保険法人をいう。）と住宅販売瑕疵担保責任保険契約（同法第二条第六項に規定する住宅販売瑕疵担保責任保険契約をいう。）を締結し，保険証券又はこれに代わるべき書面を買主に交付しているときは，当該住宅瑕疵担保責任保険法人の名称
九　取引に関する特約その他参考となる事項

2　法第四十九条に規定する宅地建物取引のあつた年月日，その取引に係る宅地又は建物の所在及び面積並びに第一項各号に掲げる事項が，電子計算機に備えられたファイル又は磁気ディスクに記録され，必要に応じ当該事務所において電子計算機その他の機器を用いて明確に紙面に表示されるときは，当該記録をもつて法第四十九条に規定する帳簿への記載に代えることができる。

3　宅地建物取引業者は，法第四十九条に規定する帳簿（前項の規定による記録が行われた同項のファイル又は磁気ディスクを含む。）を各事業年度の末日をもつて閉鎖するものとし，閉鎖後五年間（当該宅地建物取引業者が自ら売主となる新築住宅に係るものにあつては，十年間）当該帳簿を保存しなければならない。

2 **（標識の掲示等）**

第十九条　法第五十条第一項の国土交通省令で定める業務を行う場所は，次に掲げるもので第十五条の五の二に規定する場所以外のものとする。
一　継続的に業務を行うことができる施設を有する場所で事務所以外のもの
二　宅地建物取引業者が一団の宅地建物の分譲をする場合における当該宅地又は建物の所在する場所
三　前号の分譲を案内所を設置して行う場合にあつては，その案内所
四　他の宅地建物取引業者が行う一団の宅地建物の分譲の代理又は媒介を案内所を設置して行う場合にあつては，その案内所
五　宅地建物取引業者が業務に関し展示会その他これに類する催しを実施する場合にあつては，これらの催しを実施する場所

（第二項省略）

3　法第五十条第二項の規定による届出をしようとする者は，その業務を開始する日の十日前までに，別記様式第十二号による届出書を提出しなければならない。

索　引

契約を締結しない旨の意思（当該勧誘を引き続き受けることを希望しない旨の意思を含む。）を表示したにもかかわらず，当該勧誘を継続すること。

ホ　迷惑を覚えさせるような時間に電話し，又は訪問すること。

ヘ　深夜又は長時間の勧誘その他の私生活又は業務の平穏を害するような方法によりその者を困惑させること。

二　宅地建物取引業者の相手方等が契約の申込みの撤回を行うに際し，既に受領した預り金を返還することを拒むこと。

三　宅地建物取引業者の相手方等が手付を放棄して契約の解除を行うに際し，正当な理由なく，当該契約の解除を拒み，又は妨げること。

1 **（法第四十七条の二第三項の国土交通省令・内閣府令及び同項の国土交通省令で定める行為）**

第十六条の十二　法第四十七条の二第三項の国土交通省令・内閣府令及び同項の国土交通省令で定める行為は，次に掲げるものとする。

一　宅地建物取引業に係る契約の締結の勧誘をするに際し，宅地建物取引業者の相手方等に対し，次に掲げる行為をすること。

イ　当該契約の目的物である宅地又は建物の将来の環境又は交通その他の利便について誤解させるべき断定的判断を提供すること。

ロ　正当な理由なく，当該契約を締結するかどうかを判断するために必要な時間を与えることを拒むこと。

ハ　当該勧誘に先立つて宅地建物取引業者の商号又は名称及び当該勧誘を行う者の氏名並びに当該契約の締結について勧誘をする目的である旨を告げずに，勧誘を行うこと。

ニ　宅地建物取引業者の相手方等が当該契約を締結しない旨の意思（当該勧誘を引き続き受けることを希望しない旨の意思を含む。）を表示したにもかかわらず，当該勧誘を継続すること。

ホ　迷惑を覚えさせるような時間に電話し，又は訪問すること。

ヘ　深夜又は長時間の勧誘その他の私生活又は業務の平穏を害するような方法によりその者を困惑させること。

二　宅地建物取引業者の相手方等が契約の申込みの撤回を行うに際し，既に受領した預り金を返還することを拒むこと。

三　宅地建物取引業者の相手方等が手付を放棄して契約の解除を行うに際し，正当な理由なく，当該契約の解除を拒み，又は妨げること。

2 **（従業者名簿の記載事項等）**

第十七条の二　法第四十八条第三項の国土交通省令で定める事項は，次に掲げるものとする。

一　生年月日

二　主たる職務内容

三　宅地建物取引士であるか否かの別

四　当該事務所の従業者となつた年月日

五　当該事務所の従業者でなくなつたときは，その年月日

（第二項・第三項省略）

4　宅地建物取引業者は，法第四十八条第三項に規定する従業者名簿（前項の規定による記録が行われた同項のファイル又は磁気ディスクを含む。）を最終の記載をした日から十年間保存しなければならない。

3 **（帳簿の記載事項等）**

第十八条　法第四十九条に規定する国土交通省令で定める事項は，次のとおりとする。

一　売買若しくは交換又は売買，交換若しくは貸借の代理若しくは媒介の別（取引一任代理等（法第五十条の二第一項に規定する取引一任代理等をいう。以下同じ。）に係るものである場合は，その旨を含む。）

二　売買，交換若しくは貸借の相手方若しくは代理を依頼した者又は媒介に係る売買，交換若しくは貸借の各当事者及びこ

ニ　当該宅地建物取引業者が一団の宅地建物の分譲の代理又は媒介の依頼をし，かつ，依頼を受けた宅地建物取引業者がその代理又は媒介を案内所を設置して行う場合にあつては，その案内所

ホ　当該宅地建物取引業者（当該宅地建物取引業者が他の宅地建物取引業者に対し，宅地又は建物の売却について代理又は媒介の依頼をした場合にあつては，代理又は媒介の依頼を受けた他の宅地建物取引業者を含む。）が法第十五条第一項の規定により同項に規定する取引主任者を置くべき場所（土地に定着する建物内のものに限る。）で宅地又は建物の売買契約に関する説明をした後，当該宅地又は建物に関し展示会その他これに類する催しを土地に定着する建物内において実施する場合にあつては，これらの催しを実施する場所

二　当該宅地建物取引業者の相手方がその自宅又は勤務する場所において宅地又は建物の売買契約に関する説明を受ける旨を申し出た場合にあつては，その相手方の自宅又は勤務する場所

1 **（申込みの撤回等の告知）**

第十六条の六　法第三十七条の二第一項第一号の規定により申込みの撤回等を行うことができる旨及びその申込みの撤回等を行う場合の方法について告げるときは，次に掲げる事項を記載した書面を交付して告げなければならない。

一　買受けの申込みをした者又は買主の氏名（法人にあつては，その商号又は名称）及び住所

二　売主である宅地建物取引業者の商号又は名称及び住所並びに免許証番号

三　告げられた日から起算して八日を経過する日までの間は，宅地又は建物の引渡しを受け，かつ，その代金の全部を支払つた場合を除き，書面により買受けの申込みの撤回又は売買契約の解除を行うことができること。

四　前号の買受けの申込みの撤回又は売買契約の解除があつたときは，宅地建物取引業者は，その買受けの申込みの撤回又は売買契約の解除に伴う損害賠償又は違約金の支払を請求することができないこと。

五　第三号の買受けの申込みの撤回又は売買契約の解除は，買受けの申込みの撤回又は売買契約の解除を行う旨を記載した書面を発した時に，その効力を生ずること。

六　第三号の買受けの申込みの撤回又は売買契約の解除があつた場合において，その買受けの申込み又は売買契約の締結に際し手付金その他の金銭が支払われているときは，宅地建物取引業者は，遅滞なく，その全額を返還すること。

1 **（法第四十七条の二第三項の国土交通省令・内閣府令及び同項の国土交通省令で定める行為）**

第十六条の十一　法第四十七条の二第三項の国土交通省令・内閣府令及び同項の国土交通省令で定める行為は，次に掲げるものとする。

一　宅地建物取引業に係る契約の締結の勧誘をするに際し，宅地建物取引業者の相手方等に対し，次に掲げる行為をすること。

イ　当該契約の目的物である宅地又は建物の将来の環境又は交通その他の利便について誤解させるべき断定的判断を提供すること。

ロ　正当な理由なく，当該契約を締結するかどうかを判断するために必要な時間を与えることを拒むこと。

ハ　当該勧誘に先立つて宅地建物取引業者の商号又は名称及び当該勧誘を行う者の氏名並びに当該契約の締結について勧誘をする目的である旨を告げずに，勧誘を行うこと。

ニ　宅地建物取引業者の相手方等が当該

令和6年版 宅地建物取引士 学習テキスト
③宅地建物取引業法

2024年4月30日 初版第1刷発行

〔検印廃止〕 編 者 不動産取引実務研究会
発行者 延 對 寺 哲

発行所 株式会社ビジネス教育出版社
〒102-0074 東京都千代田区九段南4—7—13
☎03(3221)5361(代表) FAX:03(3222)7878
E-mail info@bks.co.jp https://www.bks.co.jp
落丁・乱丁はお取り替えします。 印刷・製本/亜細亜印刷㈱

ISBN978-4-8283-1066-4